Marie-Louise
Winninger

# des jeux de nombre et de logique

à la maternelle
et au cours préparatoire

RETZ
1, rue du Départ
75014 PARIS

Je remercie Mme Meyer, grâce à qui cette expérience a pu être réalisée.

# SOMMAIRE

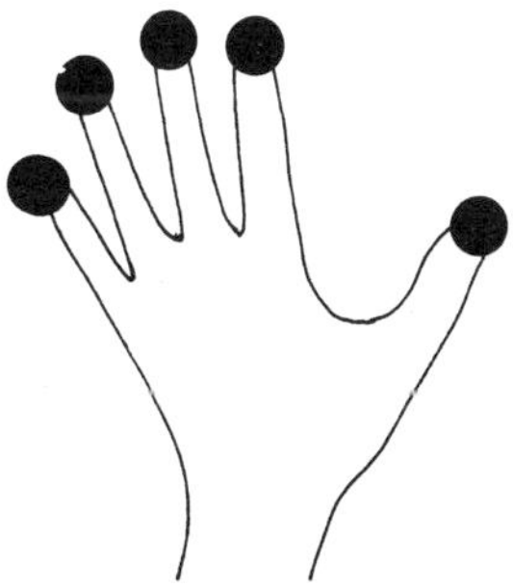

# INTRODUCTION

## Objectifs pédagogiques

A l'école maternelle, le maître a le privilège de disposer d'une certaine liberté et l'occasion d'exploiter son imagination : c'est à partir d'une expérience concrète, menée avec une classe de 28 enfants de 4 à 6 ans qu'ont été élaborés les objectifs et la méthode des «jeux de nombre et de logique» proposés dans cet ouvrage.
Sélectionnés pour leur caractère attrayant et leur souplesse d'utilisation, ils sont destinés à favoriser le développement des facultés d'observation, de raisonnement et de logique chez les jeunes enfants et à leur faire acquérir progressivement quelques notions mathématiques simples.
Se déroulant par petits ateliers, selon des règles et un support précis, ils font intervenir des éléments très variés. Ils apprennent aux enfants à s'organiser, à mener leur partie à leur rythme, de façon ordonnée et disciplinée. Ils développent leur autonomie, leur esprit d'initiative, tout en favorisant les échanges et la communication.

## Utilisation en classe

Bien que le maître ait toute latitude pour exploiter ces jeux avec sa classe, pour les adapter au niveau des enfants ou aux activités du moment, il serait toutefois souhaitable de respecter une certaine progression. Ainsi, en début d'année, on doit souvent familiariser les enfants avec des jeux comportant des règles : les habituer à jouer à tour de rôle, dans un sens donné, à laisser à chacun un moment de réflexion, à déplacer correctement son jeton ou sa voiture sur un circuit, à compter les cases de manière exacte...
On commencera par des jeux simples (par exemple *les colliers*, ou *l'escargot*) pour initier les enfants au classement, à la correspondance terme à terme. Puis on pourra augmenter la difficulté en ajoutant plusieurs consignes, en demandant aux enfants de déchiffrer une bande codée, de lire un tableau à double entrée... Ces jeux plus complexes posent des «situations-problèmes» qui amènent les enfants à effectuer des pratiques numériques, à établir des comparaisons, et à prendre conscience de fonctions mathématiques telles que le partage ou la combinaison (exemple : «*Le train des nombres*»). Enfin, on proposera des jeux de stratégie, qui donnent à l'enfant plusieurs possibilités d'agir et développent ses capacités d'anticipation.
Outre les conseils et les encouragements prodigués aux enfants pour les aider à bien comprendre les règles d'un jeu ou à dépasser les difficultés, le maître pourra les habituer à utiliser les termes précis convenant aux actions à effectuer et aux notions à acquérir : avancer, reculer — ajouter, enlever — relancer, passer son

tour — à droite, à gauche — plus, moins, autant — intérieur, extérieur — ouvert, fermé... Il jouera également un rôle de régulateur en veillant à ce que chaque enfant puisse réfléchir et s'exprimer, quel que soit son niveau et son rythme : l'important n'est pas de gagner, mais de prendre plaisir à jouer ensemble !
La fabrication des éléments nécessaires aux différents jeux ne demande qu'un matériel limité, et aisément transformable :
— des grandes feuilles cartonnées (65 cm x 45 cm) pour les plans de jeux ;
— du carton assez épais pour les roues ;
— des attaches parisiennes pour fixer les flèches mobiles ;
— des stylos feutres, de la peinture et de la colle ;
— des cubes ou des dés décorés des codages propres à chaque jeu.
Les éléments ou figurines nécessaires à certains jeux (souris — renards — œufs — chocolat, etc.) peuvent également être réalisés facilement par les enfants eux-mêmes en pâte à sel (voir la recette p. 128) ou en terre.
Enfin, pour donner à tous les enfants l'occasion de faire tous les jeux, le maître pourra préparer un « tableau de jeu » à double entrée, sur lequel figureront les prénoms des enfants ainsi que les codes identifiant les différents jeux. La simple consultation de ce tableau par les enfants facilite l'organisation des ateliers en leur permettant de se regrouper en fonction du jeu qu'ils désirent faire. Dès qu'ils ont terminé leur jeu, ils vont placer une gommette dans la case correspondante du tableau de jeu.
Cette méthode facilite le suivi des élèves, aide l'éducateur à programmer les activités ; elle favorise enfin l'autonomie des enfants, en leur laissant une grande part de liberté.

| | | | | | | → | | | | |
|---|---|---|---|---|---|---|---|---|---|---|
| Anne | | ▲ | ▲ | | | ● | | ● | | ● |
| Betty | | ● | | ▲ | | | ● | ▲ | ▲ | |
| Cyrille | △ | | ● | | | ● | ● | | ● | ▲ |
| Samir | | ● | | ● | ● | | | | | |
| Marie | ☆ | | | ▲ | ▲ | | | ■ | | ● |

# LES GRILLES

**Objectifs**

- structuration de l'espace, latéralisation ;
- repérage sur un quadrillage.

**Matériel**

- plaques de jeu individuelles reproduisant des grilles. Chaque grille comporte 6 gommettes situées dans des cases de différentes manières. À chaque grille remplie correspond une grille vierge ;
- des jetons.

## Déroulement du jeu

*Règle du jeu :* 2 ou 3 joueurs.
Chaque enfant choisit une grille remplie et une grille vierge. Il place les jetons sur la grille vierge de manière identique au modèle.

*But du jeu :* Compléter correctement sa grille.

plaques de jeu

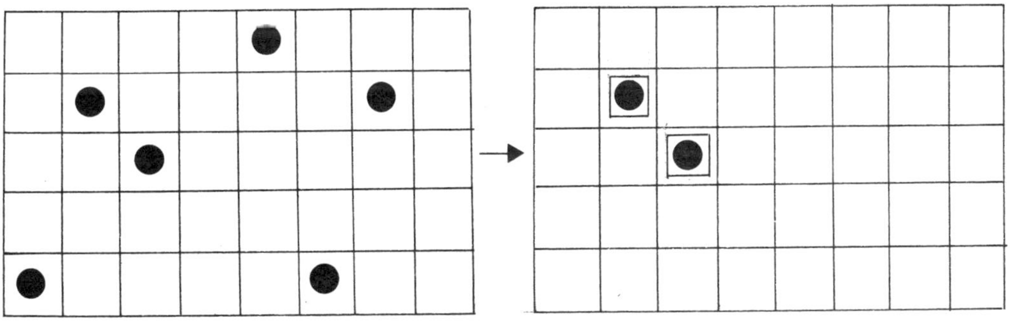

jetons

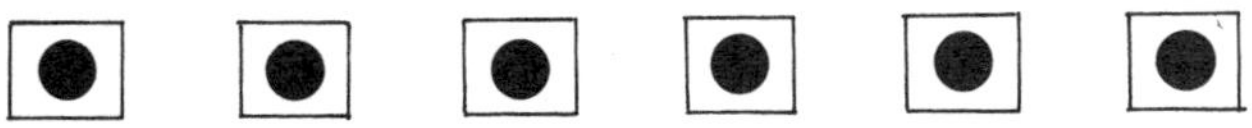

*Remarque :* Très intéressant en petite section, l'objectif consiste pour l'enfant à reproduire un modèle sur un quadrillage (plan sans repère précis), ce qui développe son sens de l'observation.

# LA ROUE DES COULEURS

**Objectifs**
- apprentissage et identification des couleurs.

**Matériel**
- 1 roue en bois ou en carton avec au centre une flèche mobile. La roue est partagée en 12 ou 18 parties égales, de 4 couleurs différentes;
- 4 plaques individuelles représentant un collier;
- des jetons ronds de couleurs identiques à celles de la roue.

roue

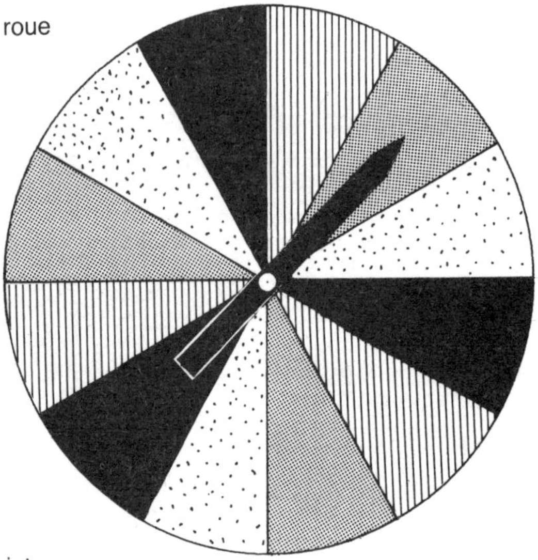

plaque de jeu

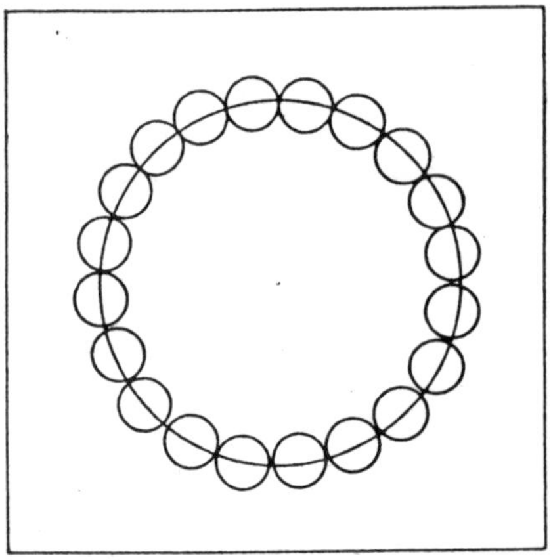

jetons

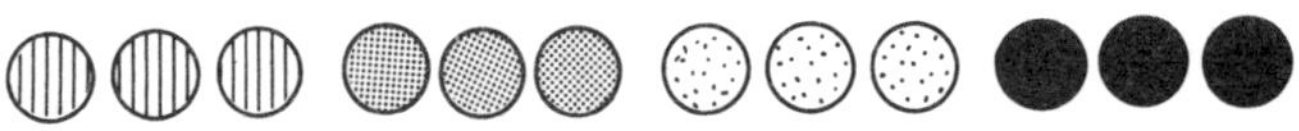

**Déroulement du jeu**

*Règle du jeu:* 4 joueurs.
A tour de rôle, chaque joueur fait tourner la flèche et place sur son collier un jeton de la couleur correspondante.

*But du jeu:* Réaliser un collier avec les jetons.

## Variante

La roue est identique à la précédente avec des chiffres indiquant le nombre de jetons à placer sur le collier.

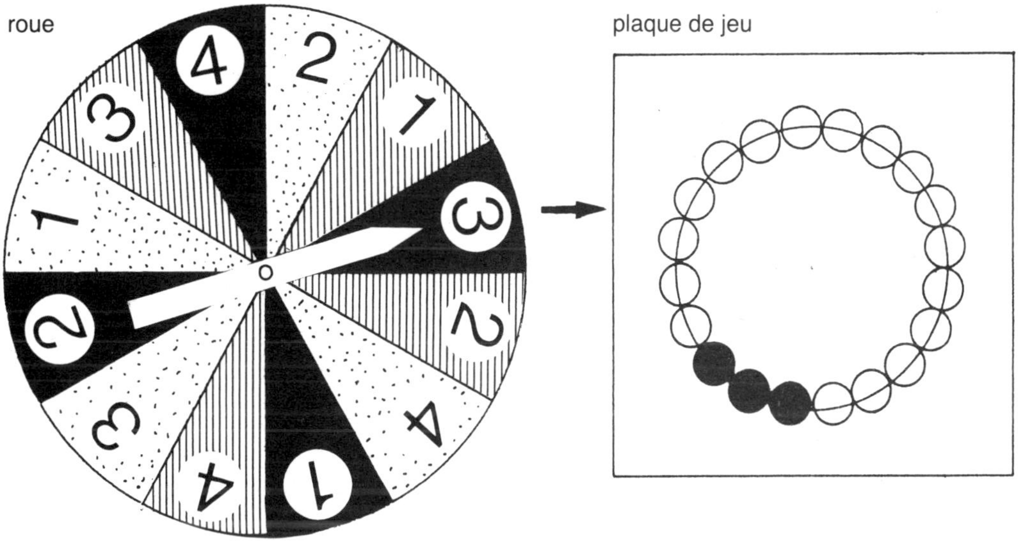


*Remarque:* Ce jeu de base est un jeu d'observation idéal pour les petites sections de maternelle ainsi qu'une initiation aux jeux de société.

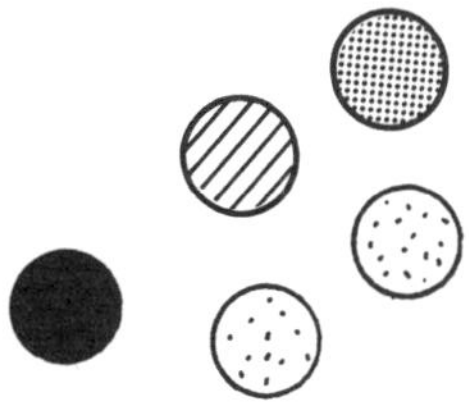

# LES DOMINOS

**Objectifs**
– faire correspondre 2 situations équivalentes.

**Matériel**
– rectangles en bois ou en carton ;
– gommettes à coller sur les dominos.

**Déroulement du jeu**

*Règle du jeu :* 2 joueurs.
Chaque enfant à tour de rôle place 1 domino.
*But du jeu :* Le gagnant est celui qui a placé tous ses dominos.

*exemples de jeux de dominos :*

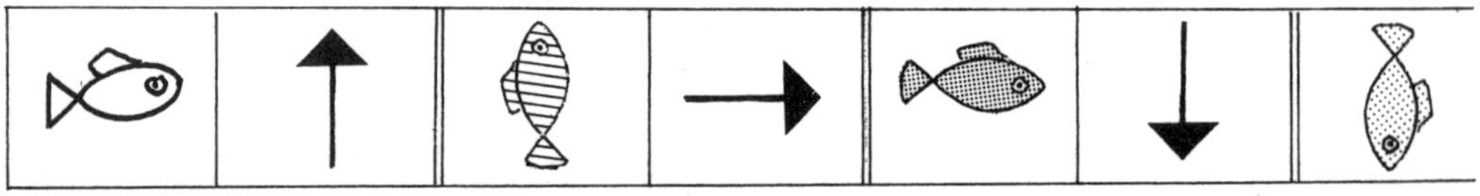

notion de direction

étude des formes

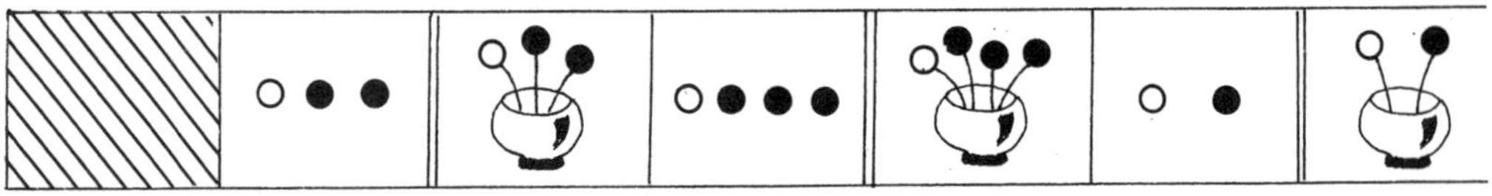

préparation à la notion d'addition

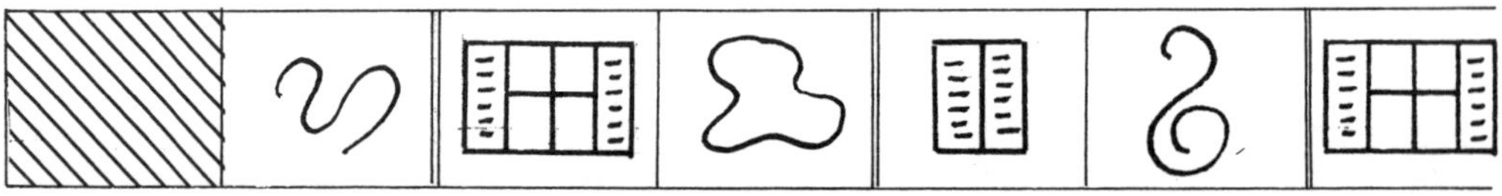

lignes ouvertes/lignes fermées

# LES FIGURES COLORÉES

**Objectifs**

- lecture d'un tableau à double entrée; tenir compte de 2 critères;
- reconnaissance des nombres de 1 à 6.

**Matériel**

- 1 plan de jeu sur lequel est représenté un tableau à double entrée;
- 15 vignettes carrées rouges, 15 jaunes, 15 bleues, 15 vertes. Elles sont de même dimension que les cases du tableau;
- des étiquettes donnant les indications pour les emplacements des vignettes sur le tableau. Leur nombre varie en fonction de chaque figure à réaliser.

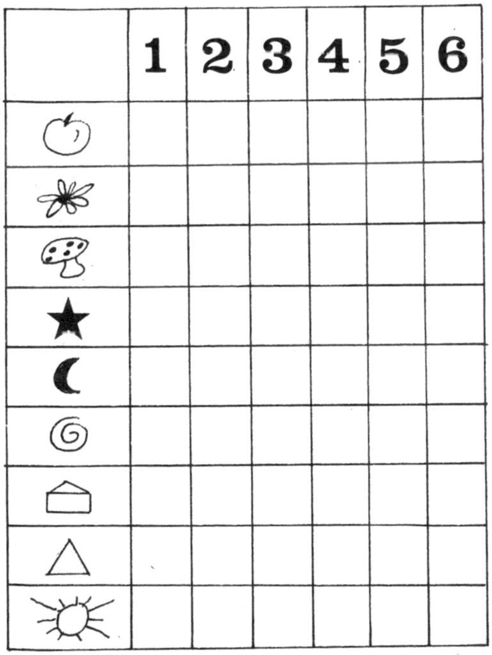


plan de jeu

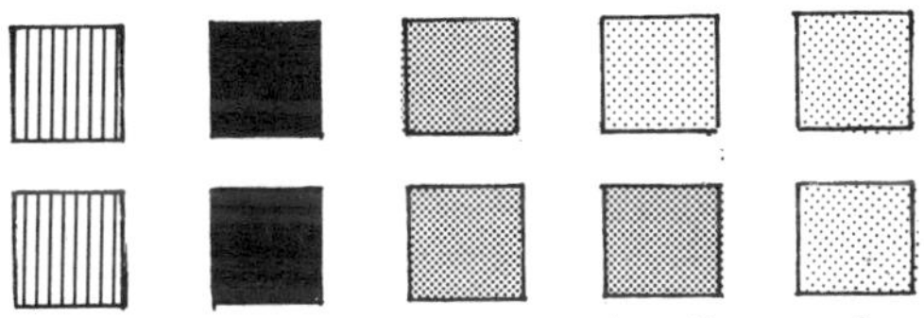

vignettes carrées

étiquettes

**Déroulement du jeu**

*Règle du jeu:* 4 à 6 joueurs.
Les étiquettes sont placées à l'envers. Chaque enfant retourne une étiquette à tour de rôle, la déchiffre, repère la case du quadrillage et place sur le plan de jeu la vignette correspondante.

*But du jeu:* Reconstituer collectivement la figure.

exemples de figures

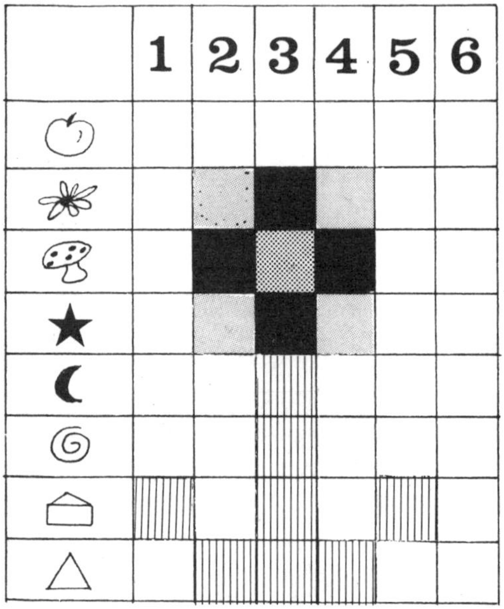


la fleur

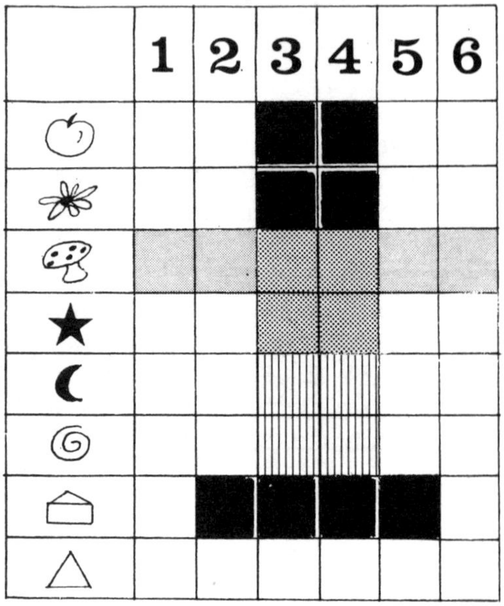


le bonhomme

*Remarque:* Les enfants sont stimulés par l'envie de découvrir la figure dessinée. Ils peuvent également inventer d'autres figures.

## Variante (jeu individuel)

### Matériel

- des plaques individuelles sur lesquelles sont représentés des tableaux à double entrée ;
- des vignettes carrées rouges, jaunes, bleues, vertes de même dimension que les cases du quadrillage ;
- des bandes cartonnées donnant les indications pour les emplacements des vignettes sur le tableau. A chaque bande cartonnée correspond une figure à réaliser.

### Déroulement du jeu

*Règle du jeu:* Chaque enfant choisit une bande cartonnée, la déchiffre, et place sur sa plaque les vignettes correspondantes.
*But du jeu:* Chaque enfant doit reconstituer sa propre figure.

exemples de situations finales

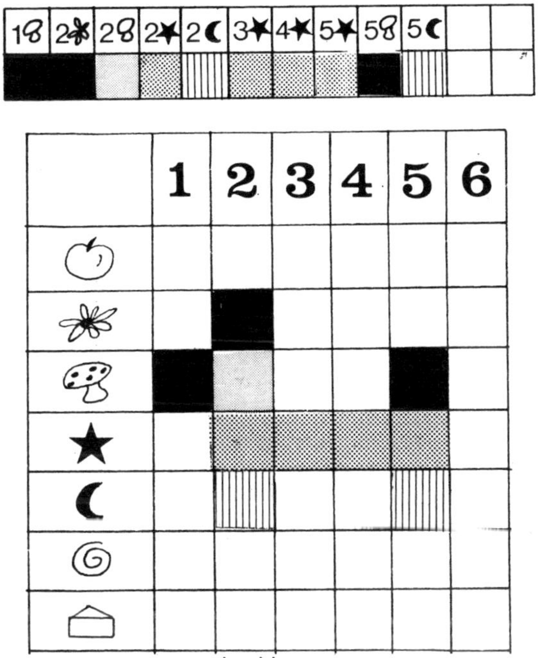


le chien

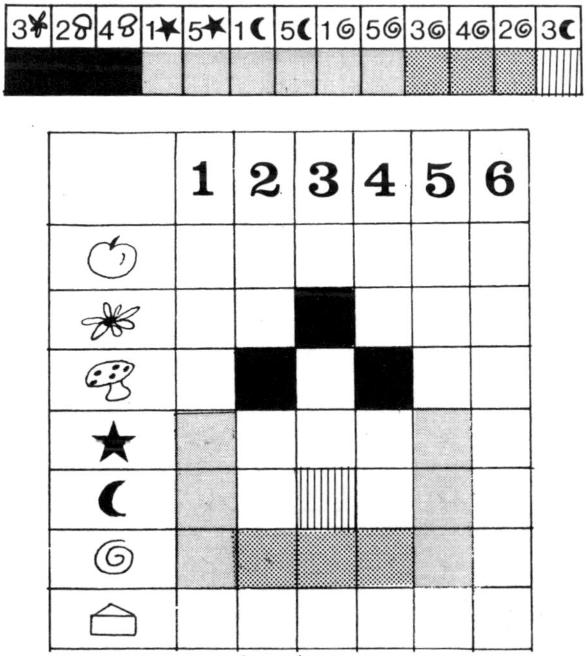


la maison

# LE DESSIN MULTICOLORE

**Objectifs**
- structuration de l'espace, repérage sur un quadrillage;
- comptage de 1 à 4;
- notion de mesure.

**Matériel**
- 2 plaques de jeu individuelles quadrillées;
- des bâtonnets carrés et rectangulaires de différentes couleurs correspondant aux nombres 1, 2, 3 et 4;
- 1 dé avec des constellations de 1 à 4 points et 2 faces neutres (on peut remplacer ce dé par un dé reproduisant les couleurs des bâtonnets).

plaque de jeu

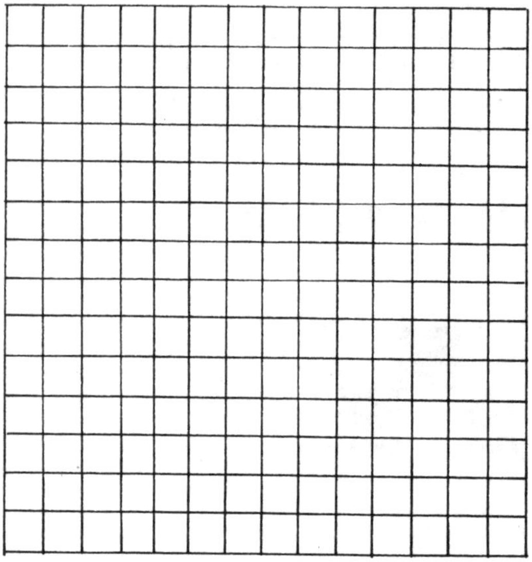

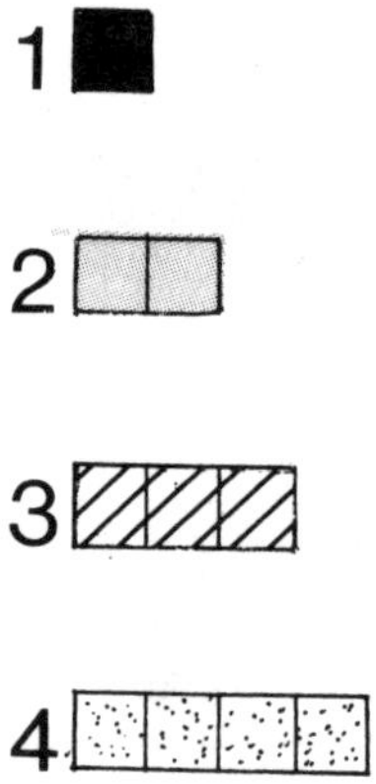


dés

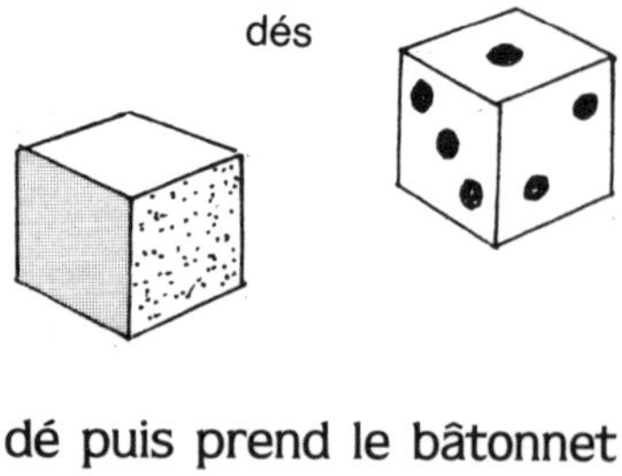

**Déroulement du jeu**

*Règle du jeu:* 2 joueurs.
A tour de rôle, chaque joueur lance le dé puis prend le bâtonnet

correspondant au nombre indiqué par le dé et le place sur son quadrillage à l'endroit de son choix.

*But du jeu:* Former une figure représentant un objet ou un animal bien défini.

exemples de situations finales

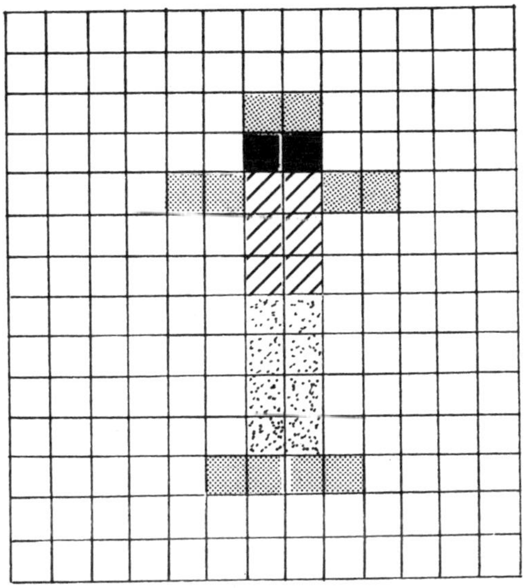

le bonhomme

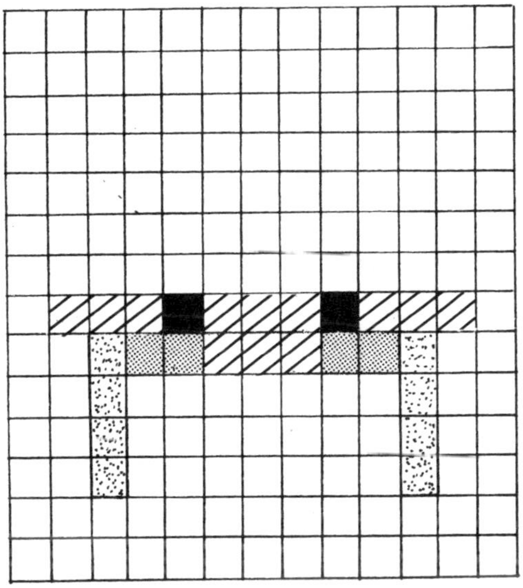

la table

*Remarque:* En les incitant à inventer une figure, ce jeu stimule l'imagination des enfants.

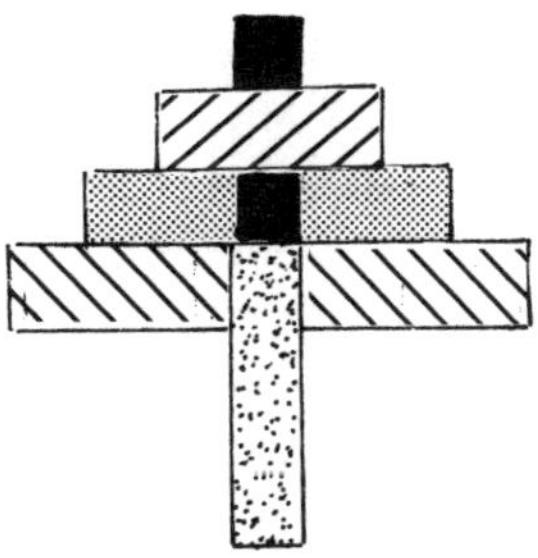

# LE LOTO DES FORMES

**Objectifs**
- identification des nombres, des couleurs et des formes ;
- décodage d'une étiquette avec 3 critères à prendre en considération.

**Matériel**
- 4 plaques de jeu comportant des formes différentes en quantités différentes ;
- 24 étiquettes indiquant chacune :
    - un chiffre
    - une forme
    - une couleur.

plaque de jeu

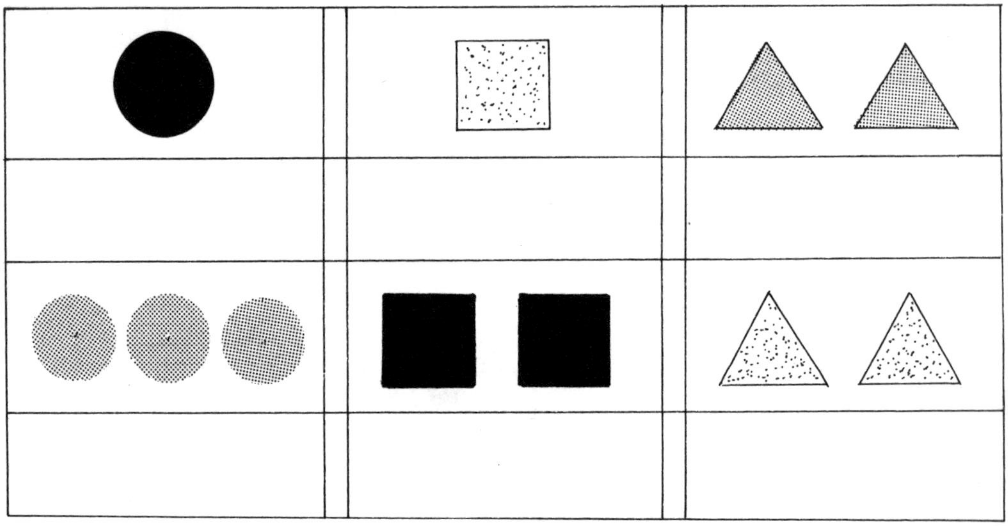

étiquettes

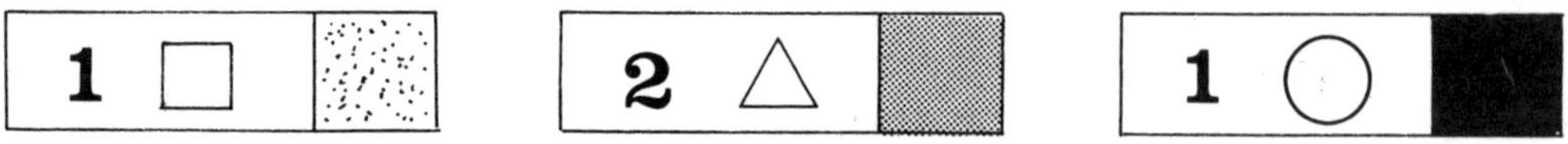

### Déroulement du jeu

*Règle du jeu:* 4 joueurs.
Chacun choisit une plaque de jeu. Les étiquettes sont placées à l'envers. À tour de rôle, chaque joueur retourne une étiquette et la « lit ». L'enfant qui a l'ensemble des éléments correspondant à cette étiquette place celle-ci sur sa plaque.

*But du jeu:* Le gagnant est celui qui complète sa plaque le premier.

exemple de situation finale

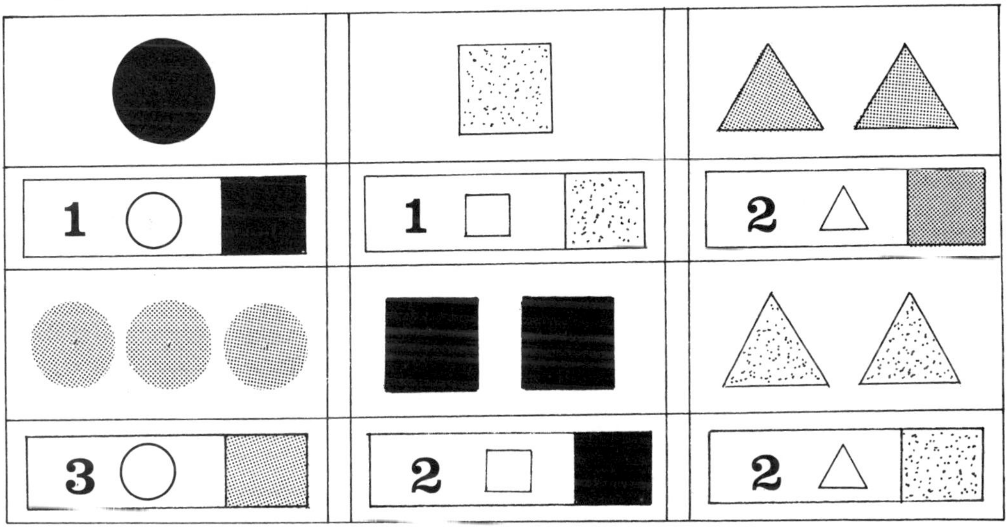


*Remarque:* Ce jeu favorise l'expression orale des enfants.

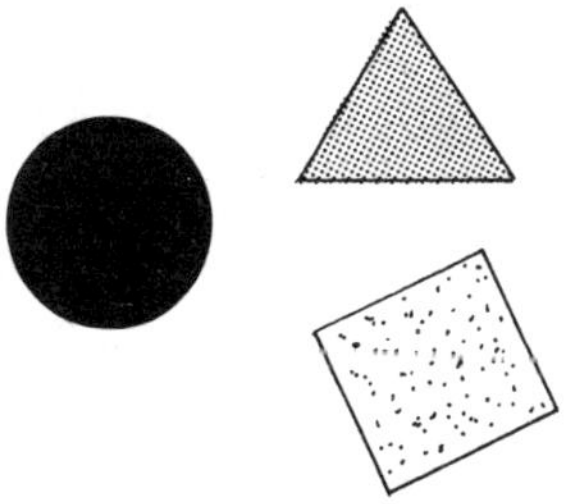

# LES COLLIERS

**Objectifs**
- apprentissage et mémorisation des couleurs ;
- reconnaissance des nombres de 1 à 6 ;
- comptage de 1 à 6.

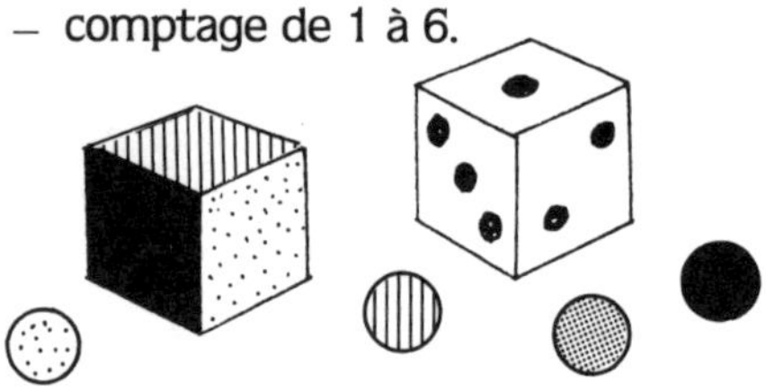

**Matériel**
- 1 plan de jeu sur lequel sont dessinés des colliers de 1 à 6 perles de 4 couleurs différentes : bleu, rouge, jaune, vert ;
- 45 jetons bleus ;
- 45 jetons rouges ;
- 45 jetons jaunes ;
- 45 jetons verts ;
- 1 dé comportant 1 face rouge, 1 face jaune, 1 face bleue, 1 face verte et 2 faces blanches ;
- 1 dé comportant des constellations de 1 à 6 points.

**Déroulement du jeu**

*Règle du jeu :* 2, 3 ou 4 joueurs.
Chaque joueur lance les dés à tour de rôle. Il choisit les jetons en fonction des indications des dés et les place sur le collier correspondant.

*But du jeu :* Décorer collectivement tous les colliers du plan de jeu.

*Remarque :* Ce jeu est idéal en début d'année, pour apprendre à l'enfant à s'initier aux jeux de société et à le sociabiliser.

exemple de situation finale

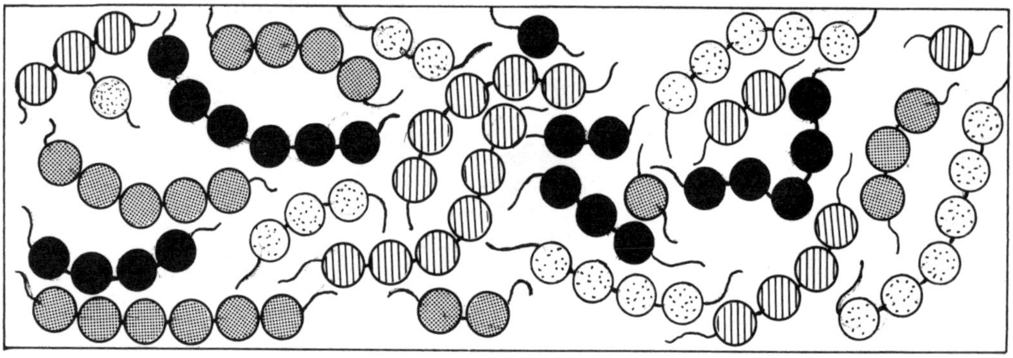

**Variante**

Ce jeu peut être simplifié en utilisant un seul dé suivant l'étude à effectuer (couleurs ou nombres).

# ☐☐☐ CONSTRUIRE UNE MAISON ☐☐☐

**— réglettes —**

**Objectifs**

- structuration de l'espace ;
- approche de la mesure : évaluation des longueurs ;
- comptage ;
- approche de la notion d'addition.

**Matériel**

- plaques individuelles de jeu quadrillées. Chaque plaque reproduit une maison de 5 cm × 5 cm ;
- un jeu de bâtonnets (réglettes) de 1 à 5 ;
- 2 dés avec des constellations de 1 à 3 points.

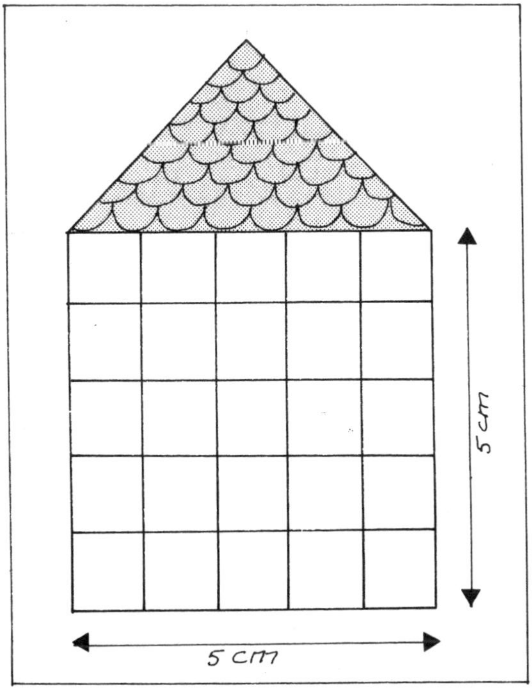


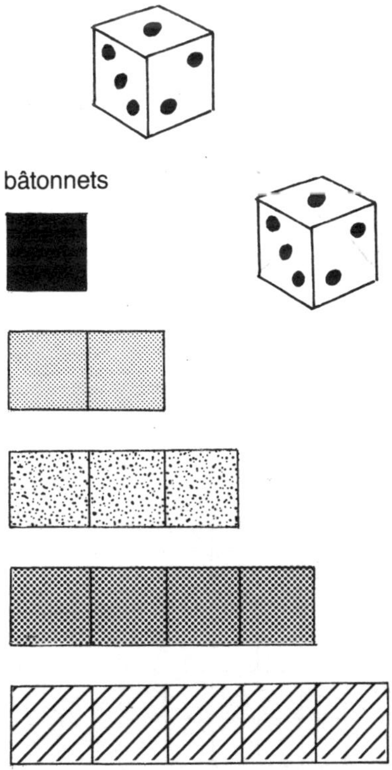

### Déroulement du jeu

*Règle du jeu:* 2, 3, ou 4 joueurs.
A tour de rôle, chaque joueur lance les dés et place sur sa maison un ou plusieurs bâtonnets correspondant au nombre de points. Si le total des points correspond à 6, il passe son tour.

*But du jeu:* Chacun doit construire sa maison en essayant de compléter chaque ligne au fur et à mesure.

*Remarque:* Ce jeu développe le sens de la logique et de la réflexion.
L'enfant qui choisira la meilleure stratégie pour compléter son quadrillage a le plus de chances de gagner.
De plus, les différentes combinaisons matérialisées par les bâtonnets donnent à l'enfant la notion de complément du nombre.

### Exemples de déroulement du jeu

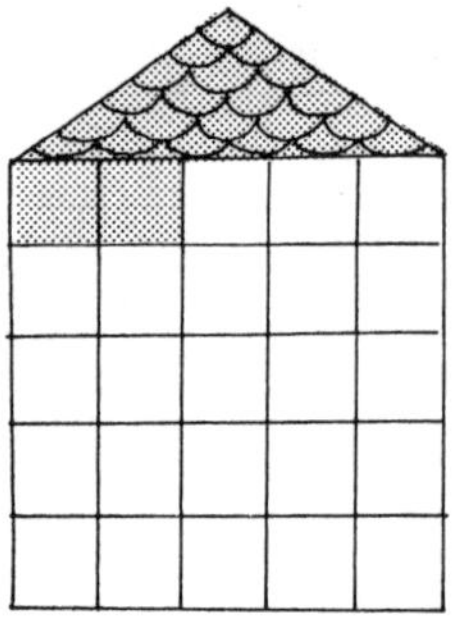

*1er tour:* →

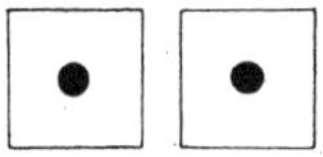

Le joueur place une réglette correspondant au total des points, soit le 2, sur la 1re ligne.

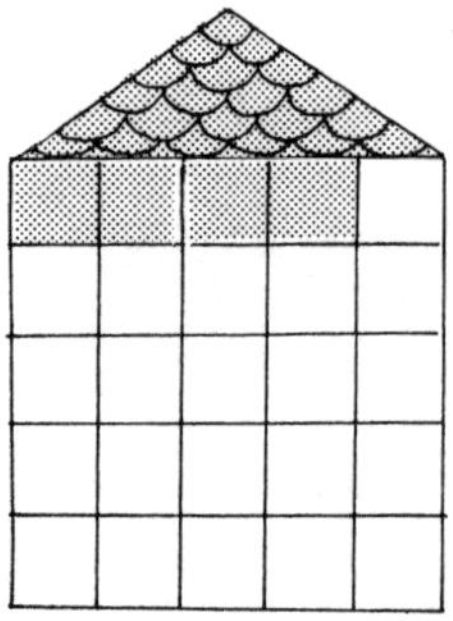

*2e tour:* →

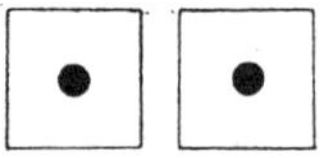

Le joueur ajoute une réglette correspondant au nombre 2 sur la 1re ligne.

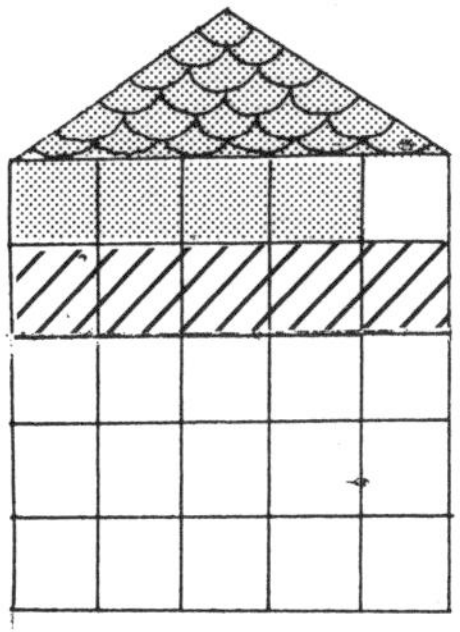

*3$^{e}$ tour :* →

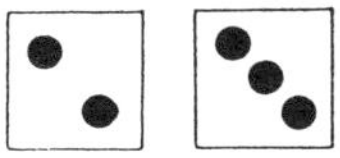

Le joueur additionne les points des 2 dés (2 + 3 = 5) et place le bâtonnet de 5 sur la 2$^{e}$ ligne.

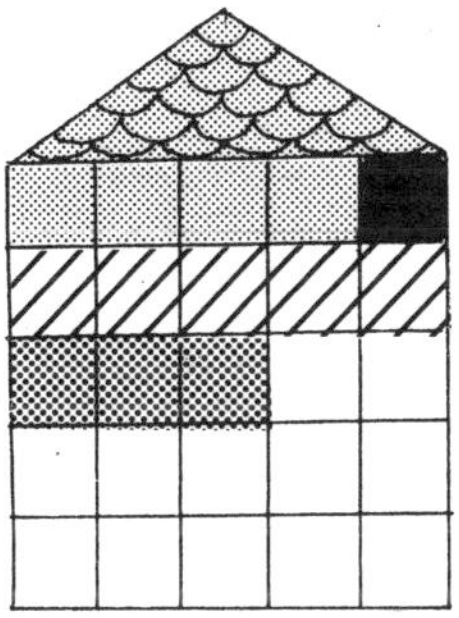

*4$^{e}$ tour :* →

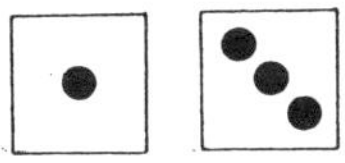

a) *Meilleur choix :* Il peut compléter la 1$^{re}$ ligne avec le « cube » de 1 correspondant au 1$^{er}$ dé, et poser le bâtonnet de 3 (correspondant au 2$^{e}$ dé) sur la 3$^{e}$ ligne.

b) Il fait le total des points et place le bâtonnet correspondant sur la 3$^{e}$ ligne.

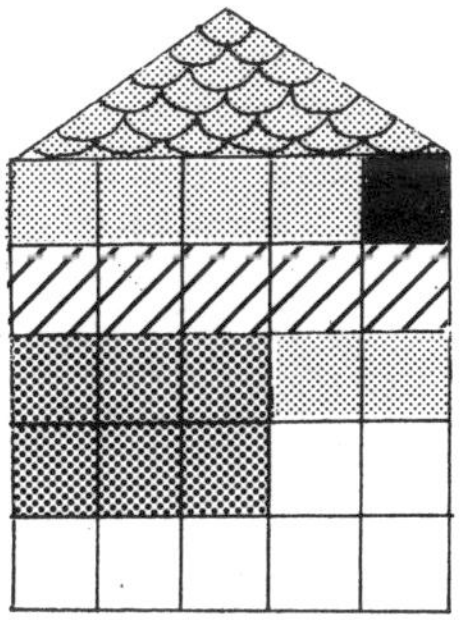

*5$^{e}$ tour :* →

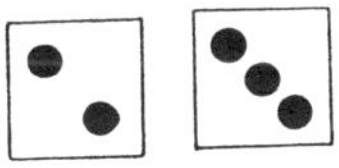

a) Le joueur complète la 3$^{e}$ ligne avec un bâtonnet de 2 et place le bâtonnet de 3 sur la 4$^{e}$ ligne.

b) Il additionne le total des points et place le bâtonnet 5 sur la 4$^{e}$ ligne.

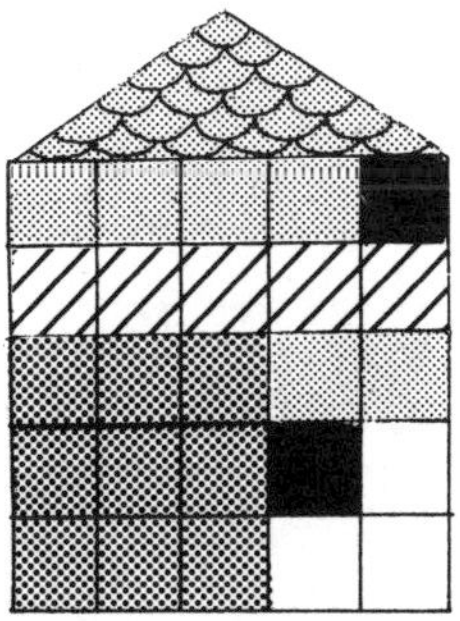

*6$^{e}$ tour :* →

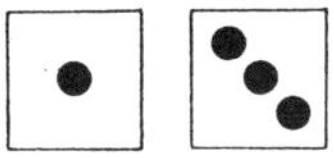

a) Le joueur peut placer le « cube » correspondant à 1 sur la 4$^{e}$ ligne et le bâtonnet de 3 sur la 5$^{e}$ ligne.

b) Il additionne les points et place un bâtonnet de 4 sur la 5$^{e}$ ligne.

# LA ROUTE DES FORMES

**Objectifs**
– identification des couleurs, des formes, des tailles.

**Matériel**
– 1 plan de jeu représentant un circuit avec des cases vierges;
– 1 dé avec 3 couleurs;
– 1 dé avec des formes: carré, rond, rectangle, triangle;
– 1 dé figurant la taille: petit, grand;
– formes de 3 couleurs et de tailles différentes correspondant aux dés.

dés

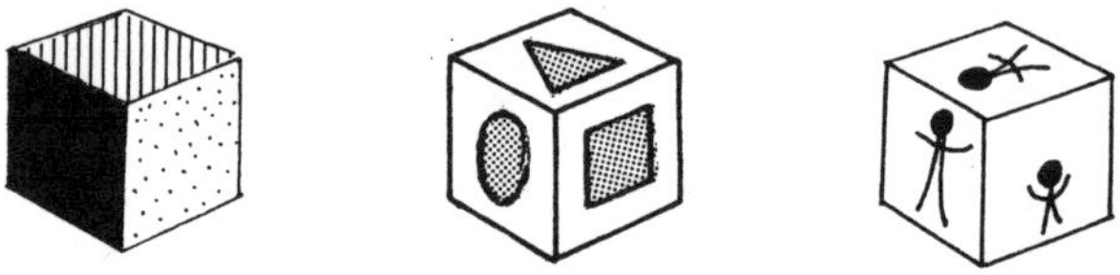

plan de jeu: situation finale

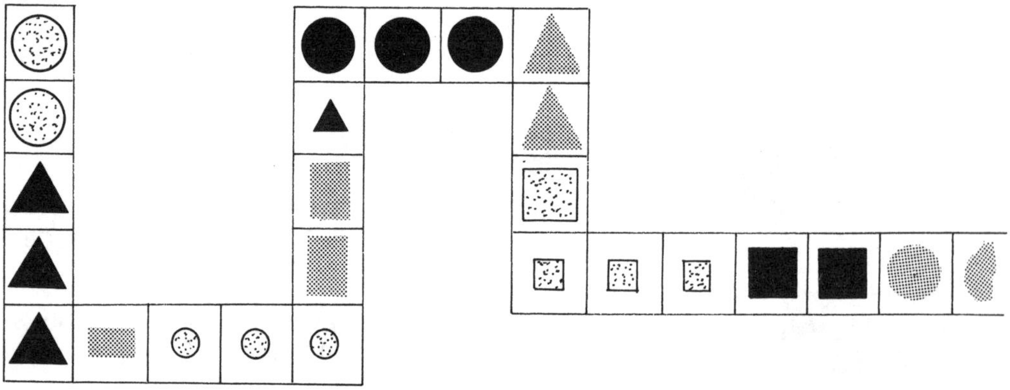

### Déroulement du jeu

*Règle du jeu :* 2, 3 ou 4 joueurs.
Chaque enfant place un seul élément dans chaque case.
A tour de rôle, chaque joueur lance les dés puis place l'élément correspondant sur le plan de jeu, dans la case qui suit celle qui a été remplie par le joueur précédent.

*But du jeu :* Décorer la route.

### Variante

En utilisant un dé supplémentaire avec des points de 1 à 3, l'enfant place sur la route le nombre d'éléments indiqués par les points.

*Exemple :* Les 4 dés se retournent sur : 3 — rouge — rond — petit. L'enfant place 3 petits ronds rouges sur la route.
Inversement, pour simplifier le jeu ou pour faire acquérir une notion bien définie, on peut utiliser 1 ou 2 dés.

*Remarque :* Ce jeu développe la capacité de réflexion et d'attention des enfants puisqu'il faut tenir compte de plusieurs critères.

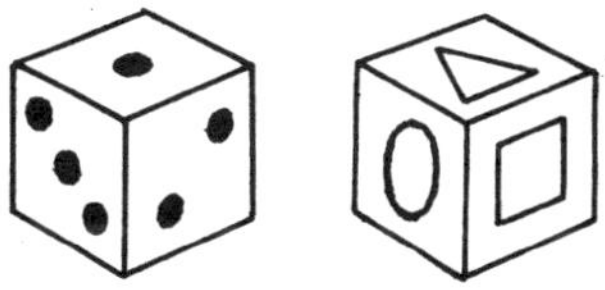

# RYTHMES, ALTERNANCES

**Objectifs**

– apprendre aux enfants à respecter un rythme, à le continuer, et à réaliser des alternances de plus en plus complexes.

**Matériel**

– des plaques de jeu individuelles sur lesquelles sont dessinés des colliers vierges ;
– des bandes codées présentant des alternances de perles de 4 couleurs ;
– des jetons ronds reprenant les 4 couleurs des bandes codées.

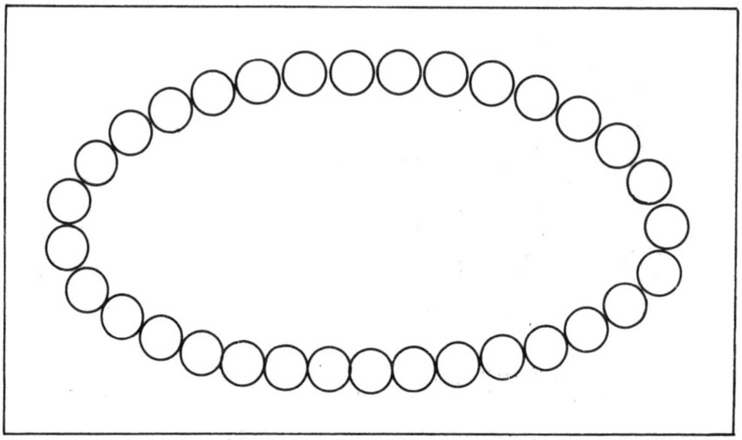

jetons

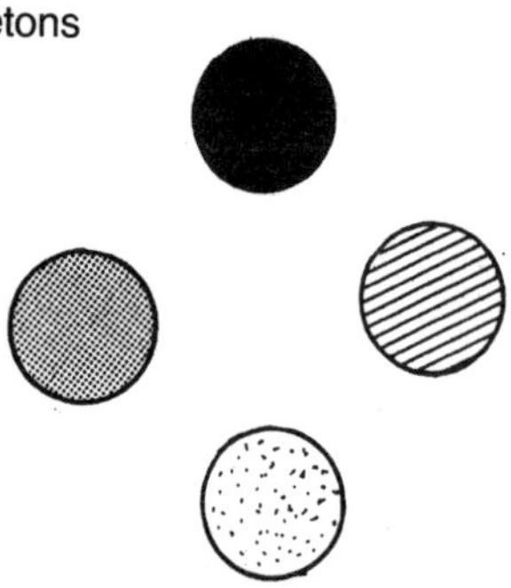

bandes codées

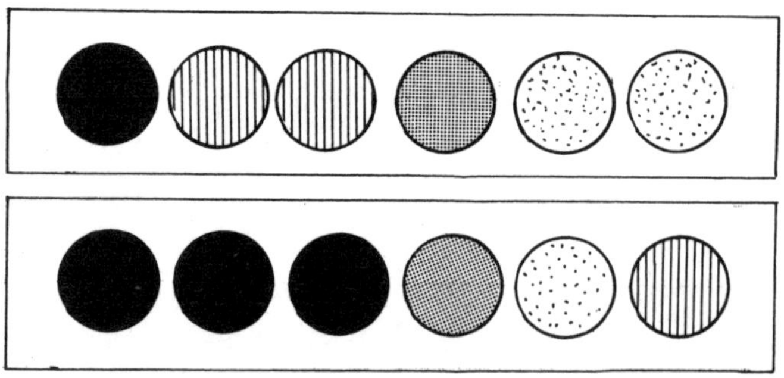

### Déroulement du jeu

*Règle du jeu:* Autant de joueurs que de plaques de jeu.
Chaque joueur choisit une bande codée figurant un rythme. Il doit respecter et continuer l'alternance en plaçant les jetons sur son collier.

*But du jeu:* Il s'agit plutôt ici d'un «atelier». Chacun doit compléter sa plaque de jeu sans se tromper.

*Remarque:* Il est également possible de donner à l'enfant plusieurs bandes codées différentes pour compléter son collier. On peut aussi lui demander d'inventer l'alternance de son choix et de continuer le «rythme» avec les jetons.
Ces jeux stimulent les capacités d'attention des enfants.

## Variante

### Matériel

- 1 dé reproduisant 3 couleurs;
- 1 dé avec les chiffres 1, 2, 3;
- 1 plaque de jeu représentant un collier vierge.

### Déroulement du jeu

*Règle du jeu:* 2, 3 ou 4 joueurs.
Chacun lance les dés à tour de rôle et place sur le collier les jetons en fonction des indications données par les dés.

*But du jeu:* Compléter le collier.

# LA ROUTE DES ŒUFS

**Objectifs**

– comptage ; approche de la notion de soustraction ;
– équivalence entre 2 situations semblables.

**Matériel**

– 1 plan de jeu avec un circuit à 2 voies : une voie intérieure et une voie extérieure. Sur la voie extérieure sont dessinés des œufs entiers et des œufs cassés ;
– 12 étiquettes représentant des quilles debout et des quilles renversées ;
– 1 dé avec des constellations de 1 à 3 points ;
– 4 pions.

plan de jeu

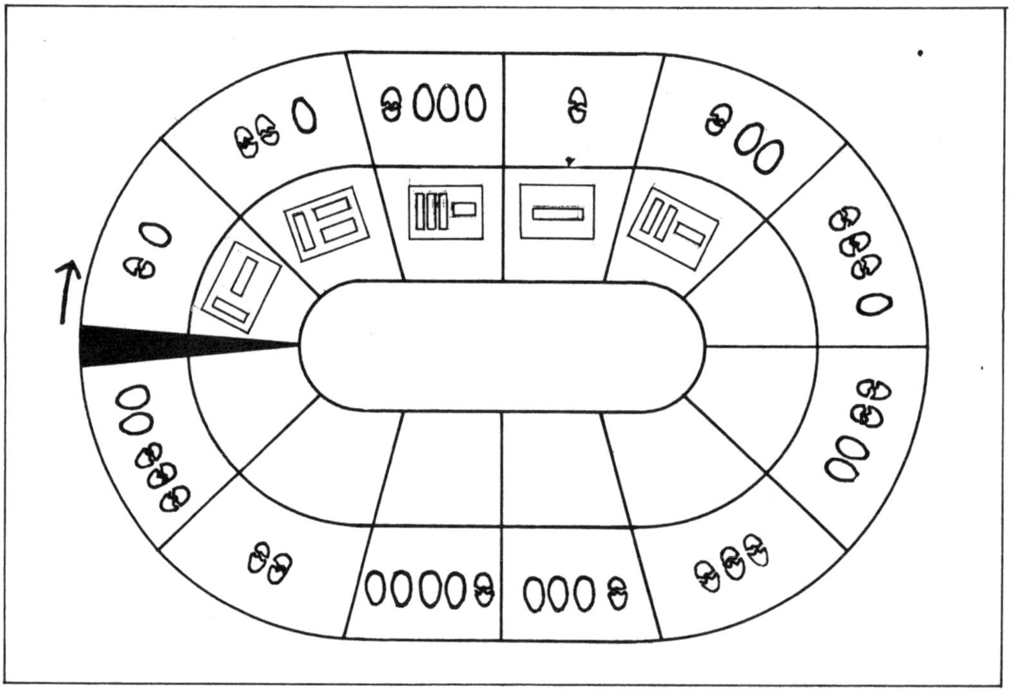

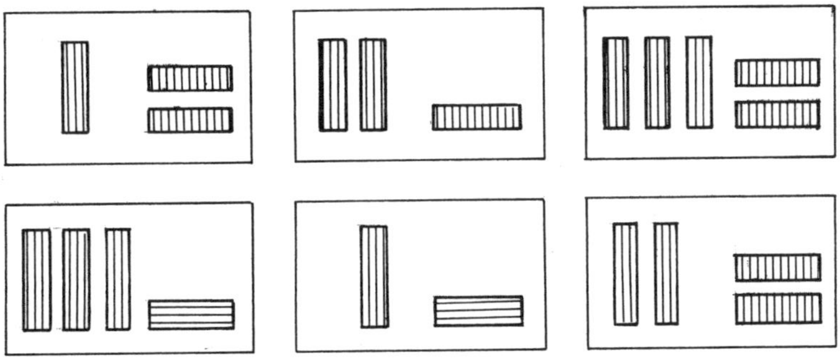

étiquettes

dé

pions

## Déroulement du jeu

*Règle du jeu:* 4 joueurs.
A tour de rôle, chacun lance le dé et fait avancer sur la voie extérieure son pion du nombre de cases indiqué par le dé. Puis il choisit l'étiquette présentant une situation équivalente à celle de la case sur laquelle il s'est arrêté et la pose à l'emplacement requis sur la voie intérieure.

*But du jeu:* Celui qui arrive le premier au bout du circuit a gagné.

## Variante

Il est possible d'utiliser d'autres étiquettes.

exemple

# LA ROUTE DES OPÉRATIONS

**Objectifs**
- comptage ; approche de la notion d'addition ;
- équivalence entre 2 situations semblables.

**Matériel**
- 1 plan de jeu avec un circuit à 2 voies : une voie intérieure et une voie extérieure. Sur la voie extérieure sont collées des gommettes de différentes couleurs, 2 couleurs pour chaque ensemble de gommettes carrées ;
- 12 étiquettes figurant des colliers dont les perles suivent la même disposition et les mêmes couleurs que les gommettes carrées ;
- 1 dé avec des constellations de 1 à 3 points ;
- 4 voitures.

plan de jeu

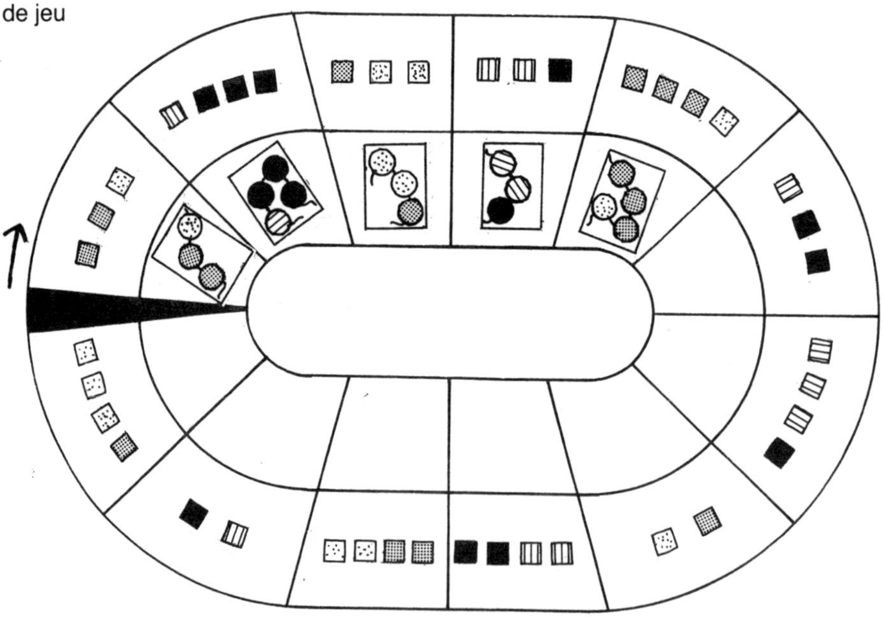

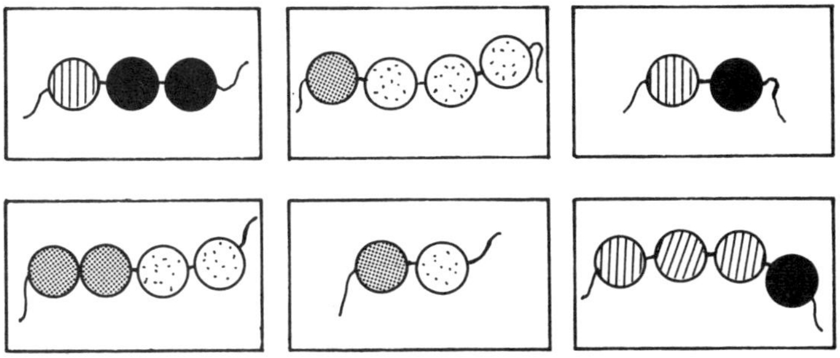

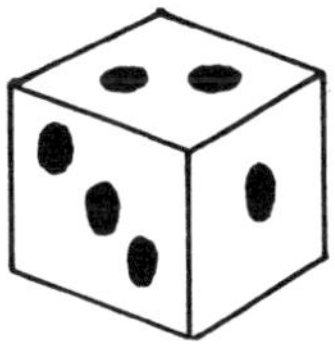

dé

étiquettes

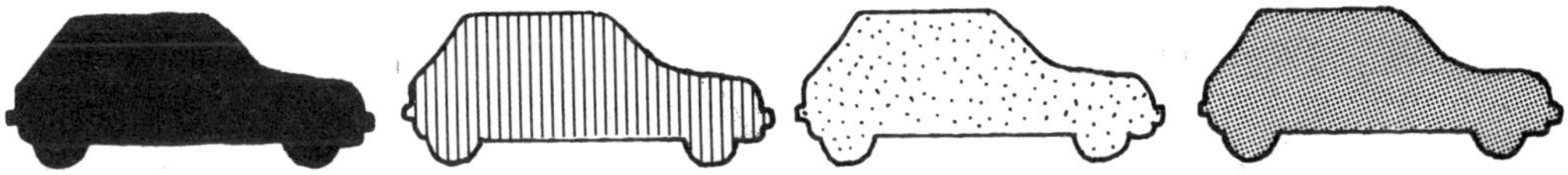

voitures

## Déroulement du jeu

*Règle du jeu:* 4 joueurs.
A tour de rôle, chacun lance le dé et fait avancer sur la voie extérieure sa voiture du nombre de cases indiqué par le dé. Puis il choisit l'étiquette présentant une situation équivalente à la case sur laquelle il se trouve et la pose à l'emplacement requis sur la voie intérieure.

*But du jeu:* Celui qui arrive le premier au bout du circuit a gagné.

## Variante

Il est possible de modifier les étiquettes comme suit.

Il est également possible de concevoir des étiquettes sur lesquelles sont écrites les opérations correspondant aux différentes situations. Dans ce cas, il est important que la couleur des chiffres corresponde à celle des carrés.

# □□□□ LECTURE D'UN PLAN □□□□

**Objectifs**
- repérage;
- structuration de l'espace;
- identification des sujets;
- reconnaissance des nombres de 1 à 7.

**Matériel**
- 1 plan de jeu sur lequel sont représentés des routes, des prés, des forêts, une maison, une mare...;
- 18 vignettes indiquant la nature et le nombre de sujets;
- des sujets en bois ou en plastique;
- 1 plan plus petit sur lequel sont indiqués l'emplacement et le nombre de sujets.

plan de jeu

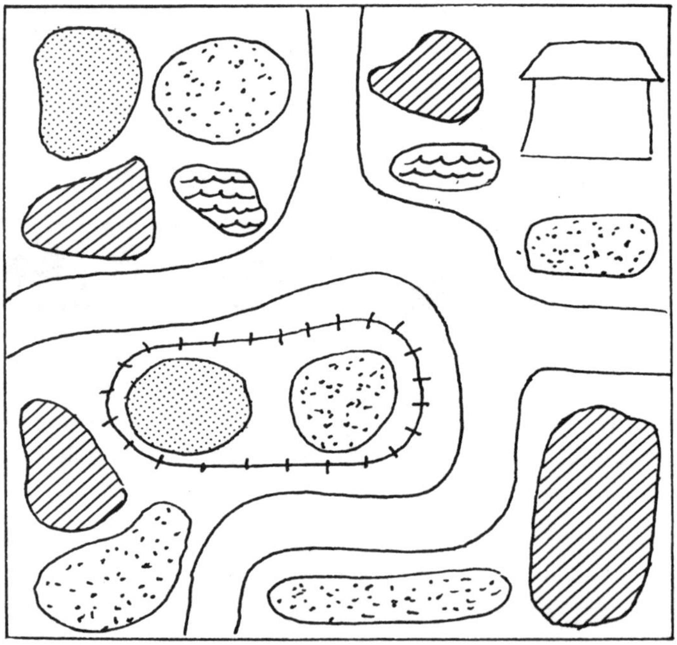

plan de référence

sujets

étiquettes

**Déroulement du jeu**

*Règle du jeu:* 4 joueurs.
Placés « en face » du plan de jeu. Les étiquettes sont placées à l'envers.
A tour de rôle, chacun retourne une étiquette et place les sujets correspondants sur le plan de jeu.

*But du jeu:* Compléter le plan de jeu en fonction des indications données par le plan de référence.

*Remarque:* Ce jeu favorise les échanges et la concertation entre les enfants.

# □□ TABLEAU A DOUBLE ENTRÉE □□

**Objectifs**
- lire un tableau à double entrée, tenir compte de 2 critères;
- repérage sur un tableau.

**Matériel**
- 1 plan de jeu sur lequel est représenté un tableau à double entrée:
  - en abscisse: des points (nombres 1-2-3) ● — ●● — ●●●;
  - en ordonnée: des formes géométriques:
    carré □ rond ○ triangle △ rectangle ▭
- 12 images mobiles;
- 1 dé avec des points;
- 1 dé avec des formes et des faces neutres.

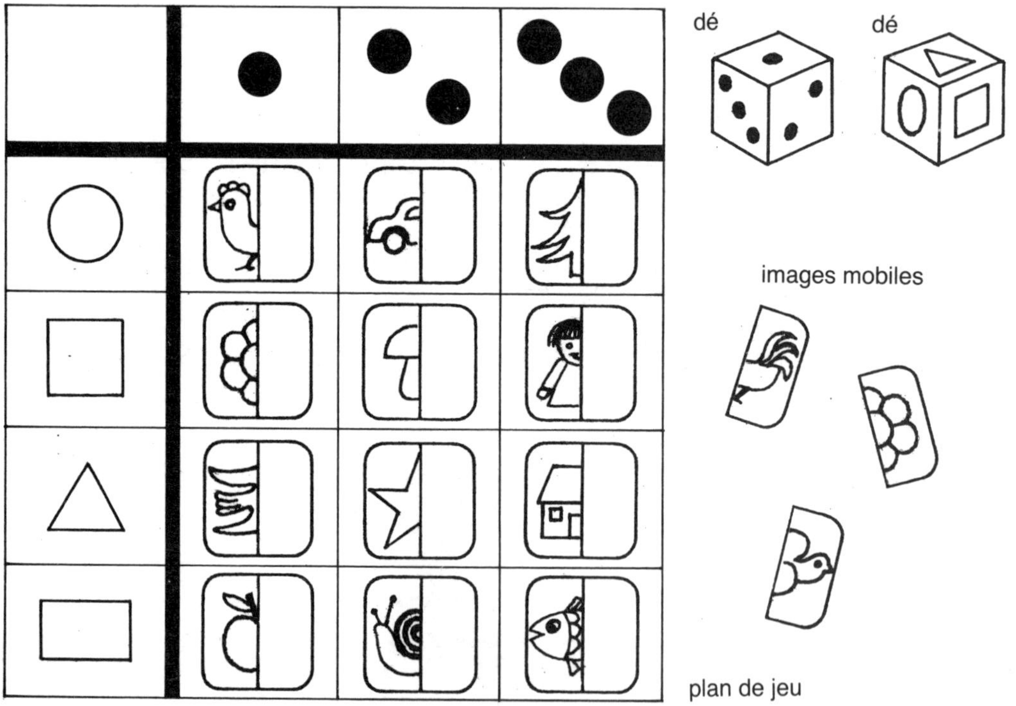

**Déroulement du jeu**

*Règle du jeu:* 2 joueurs.
Les images mobiles sont éparpillées sur le tapis à l'endroit, de façon à ce que les enfants les voient. Chaque joueur, à tour de rôle, lance les 2 dés: il doit retrouver la case du tableau qui correspond aux indications fournies par les dés. Il ajoute la moitié de l'image pour reformer le dessin. Si le dé se retourne sur une face neutre, on rejoue.

*But du jeu:* Compléter toutes les cases du tableau.

exemple

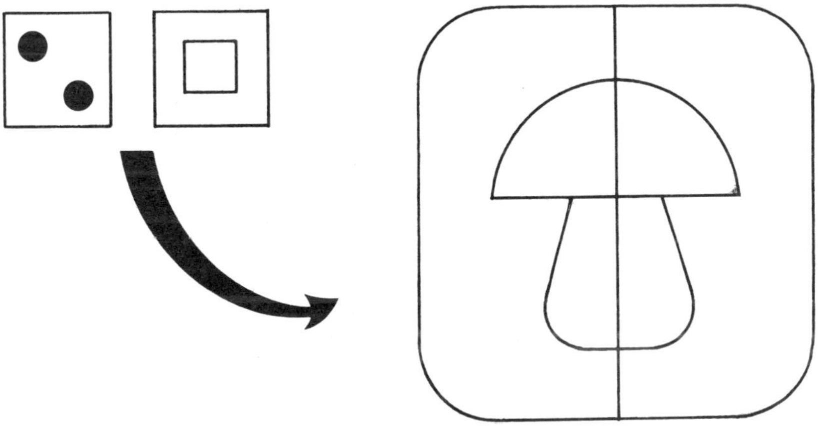

*Remarque:* Ce jeu développe les capacités d'attention des enfants.

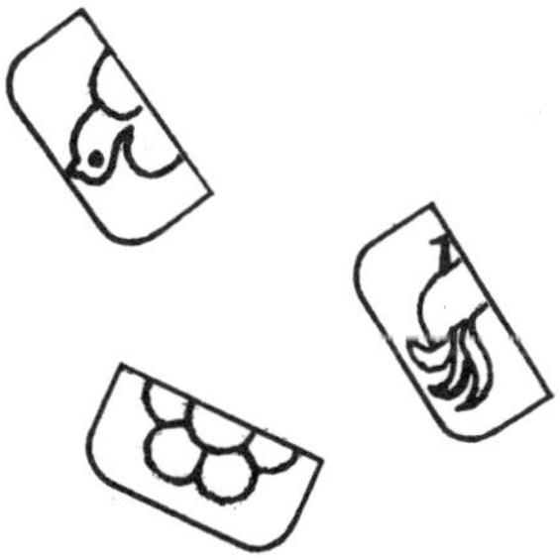

# LA ROBE DE LA POUPÉE

**Objectifs**

– structuration de l'espace, maîtrise d'un espace clos ;
– développement du sens de la logique et du raisonnement.

**Matériel**

– 1 roue divisée en plusieurs parties de 3 couleurs différentes, avec des chiffres de 1 à 4. En son centre, une flèche mobile ;
– 1 plan de jeu reproduisant sous la forme d'un quadrillage les contours d'une robe de poupée ;
– des vignettes de mêmes couleurs que la roue, correspondant à 1, 2, 3 ou 4 cases du quadrillage.

roue

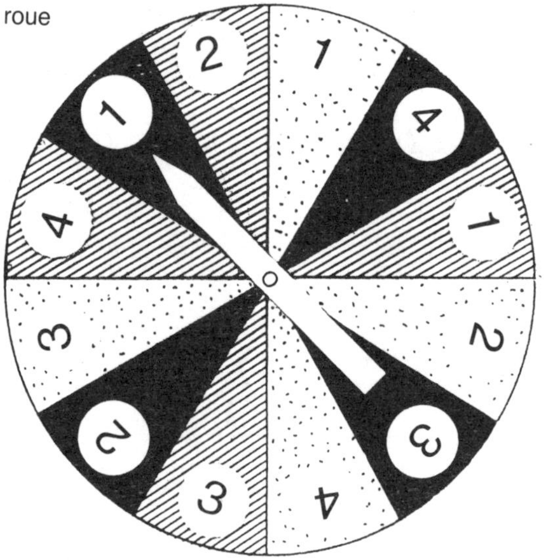

vignettes

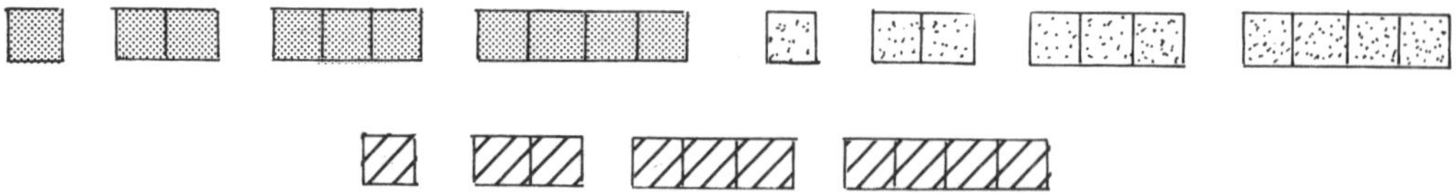

plan de jeu

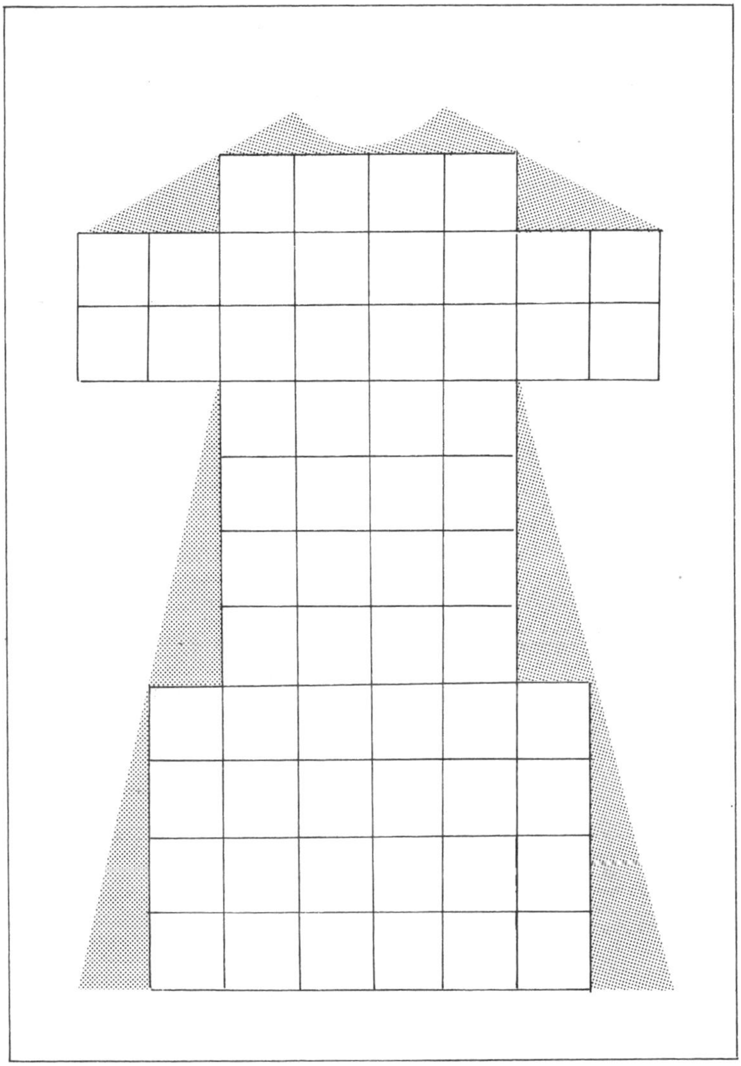

## Déroulement du jeu

*Règle du jeu:* 3 ou 4 joueurs.
A tour de rôle, chaque joueur fait tourner la flèche. Il choisit l'élément correspondant aux indications données par cette flèche (ex.: ② rouge) et le place sur le quadrillage de la robe. Quand le quadrillage de la robe est bien rempli, on ne peut plus placer n'importe quel élément, par conséquent il faut passer son tour.

*But du jeu:* Couvrir la surface de la robe.

*Remarque:* Ce jeu stimule l'imagination des enfants et leur esprit d'initiative.

# L'ANIMAL PERDU

**Objectifs**
- exercice d'attention et d'observation;
- développement de l'acuité visuelle.

**Matériel**
- 4 plaques de jeu individuelles. Chaque plaque comporte un ensemble de 6 animaux différents. Sur chaque ligne, le même ensemble d'animaux placés dans un ordre différent moins un animal manquant;
- 16 étiquettes correspondant aux animaux manquants.

plan de jeu

étiquettes

## Déroulement du jeu

*Règle du jeu:* 4 joueurs.
Les étiquettes sont placées à l'envers. A tour de rôle, chaque joueur retourne une étiquette. Si celle-ci correspond à un animal manquant sur sa plaque, il la place à l'endroit requis. Dans le cas contraire, il replace l'étiquette sous le tas d'images et passe son tour.

*But du jeu:* Le premier qui a complété sa plaque a gagné.

# L'ESCARGOT

**Objectifs**
- reconnaissance des couleurs et des formes ;
- développement du sens de la logique et du raisonnement ; les enfants doivent tenir compte de 2 critères.

**Matériel**
- 1 roue divisée en 12 parts égales de 3 couleurs différentes. Dans chaque case, une forme géométrique ;
- des blocs logiques : ronds, carrés, rectangles, triangles ;
- 1 plan de jeu représentant un escargot.

roue

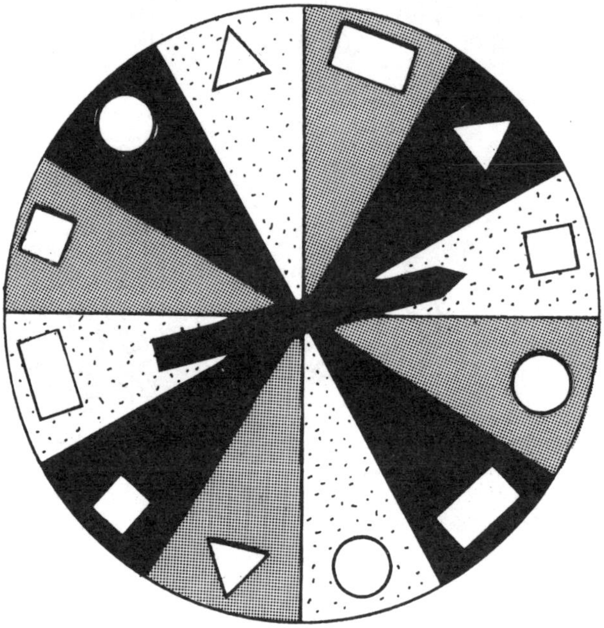

blocs logiques

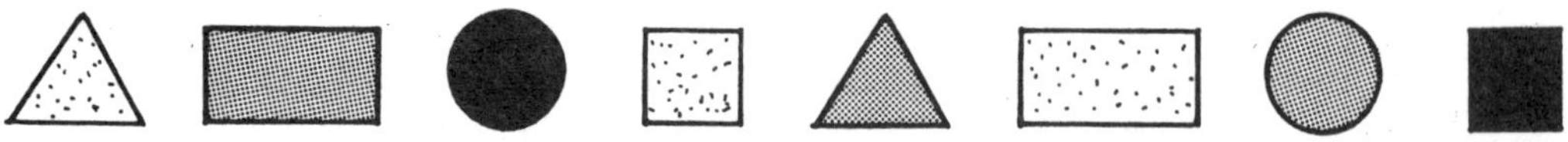

### Déroulement du jeu

*Règle du jeu:* 4 joueurs.
A tour de rôle, chaque joueur fait tourner la flèche. Il choisit le bloc logique correspondant aux indications fournies par la flèche et le place sur la coquille de l'escargot.

*But du jeu:* Décorer l'escargot.

exemple de situation finale

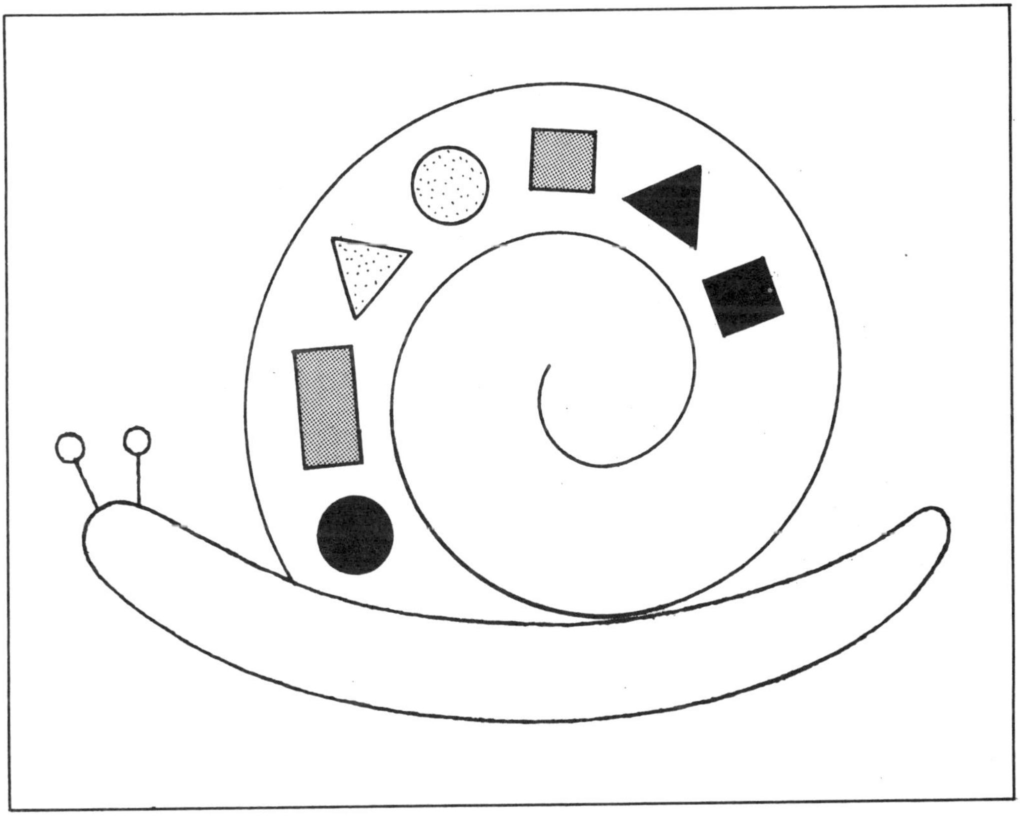

# LES MAISONS

**Objectifs**

- approche de la notion d'addition et de complément du nombre;
- approfondissement et mémorisation des nombres de 1 à 3;
- comptage.

**Matériel**

- 1 plan de jeu sur lequel sont dessinées 9 maisons divisées en 2 parties. Sous chaque maison est inscrite une opération correspondant à la somme des fenêtres de la maison;
- 40 vignettes carrées: 20 pour les fenêtres rouges, 20 pour les fenêtres bleues;
- 1 dé rouge avec des constellations de 1 à 3;
- 1 dé bleu avec des constellations de 1 à 3.

plan de jeu

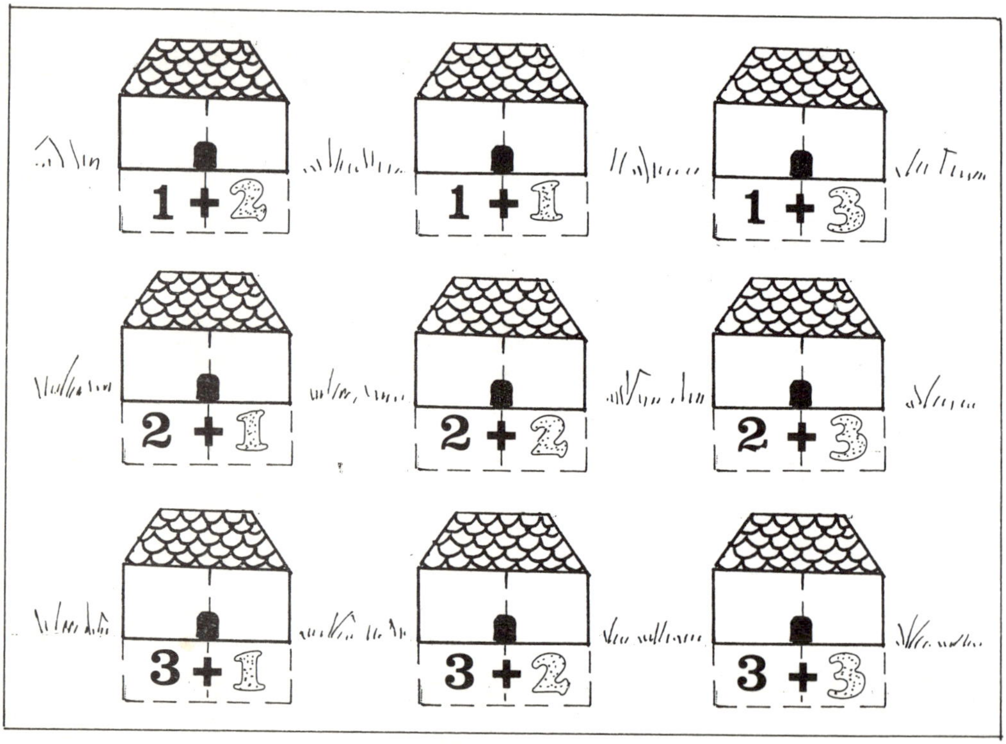

vignettes

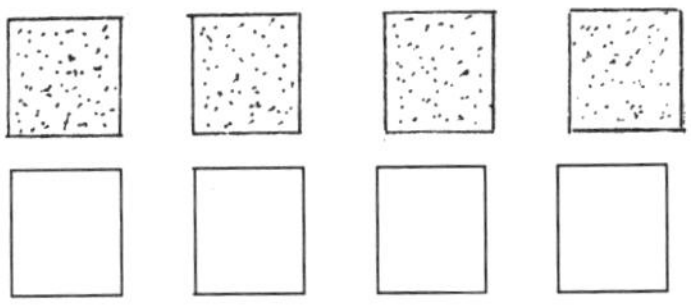

dé

dé

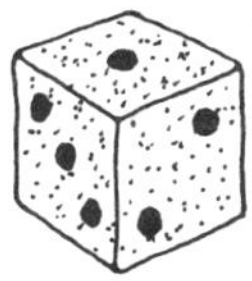

**Déroulement du jeu**

*Règle du jeu:* 3 joueurs.
Chaque joueur à tour de rôle lance les 2 dés. Il place les fenêtres bleues et rouges sur la maison dont l'opération correspond à la constellation des dés.
Si les points indiqués par les dés correspondent à une maison déjà décorée, il rejoue.

*But du jeu:* Décorer toutes les maisons de fenêtres rouges et bleues.

exemple

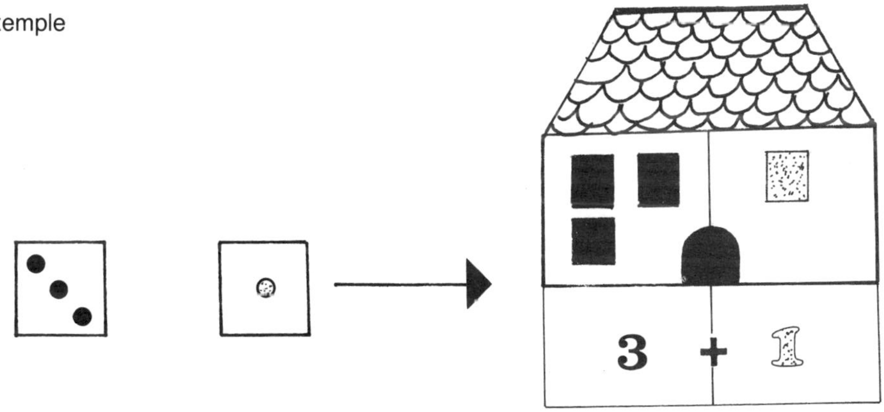


*Remarque:* Ce jeu développe le pouvoir d'attention et de réflexion des enfants qui doivent tenir compte de 2 critères: le nombre et la couleur.

# FLÉCHAGES

**Objectifs**

- notion de direction : lecture d'un codage fléché ;
- repérage sur un quadrillage ;
- identification des nombres ;
- comptage.

**Matériel**

- plaques individuelles quadrillées effaçables ;
- bandes codées sur lesquelles sont reproduits des parcours fléchés. Une languette mobile permet à l'enfant de ne pas perdre le fil de sa lecture du codage et de contrôler la progression du fléchage. On peut remplacer la languette mobile par un jeton que l'on déplace au fur et à mesure du décodage.

bande codée avec jeton

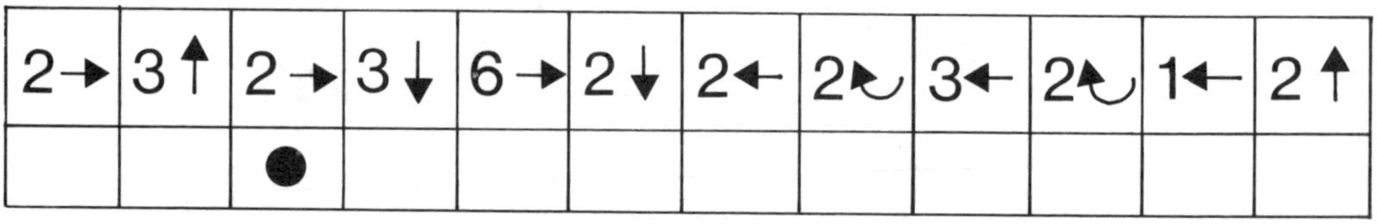

bande codée avec languette mobile

## Déroulement du jeu

*Règle du jeu:* Jeu individuel.
Chaque enfant choisit une bande codée. Il trace sur les lignes du quadrillage le parcours en fonction des indications fournies par la bande codée.

*But du jeu:* Terminer sa figure.

*Remarque:* A la fin de l'exercice, l'enfant peut décorer son dessin selon son imagination.

exemple de bande codée et reproduction du fléchage

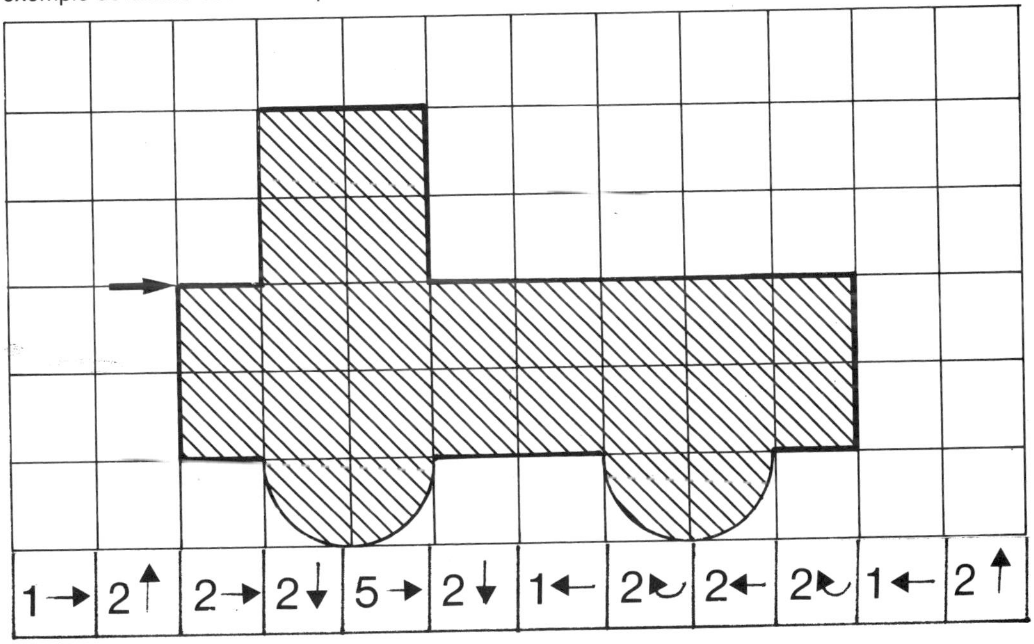


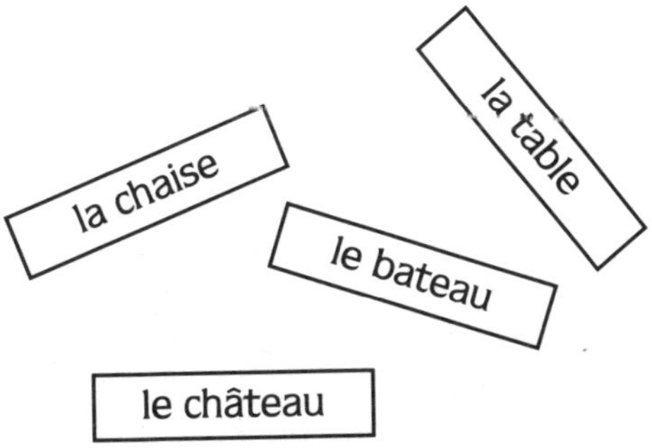

# QUESTIONS-RÉPONSES

**Objectifs**

- apprendre à lire un tableau à double entrée ; tenir compte de 2 critères.

**Matériel**

- 2 plaques de jeu figurant des tableaux à double entrée identiques ;
- des vignettes carrées dont les dimensions correspondent aux carreaux du tableau.

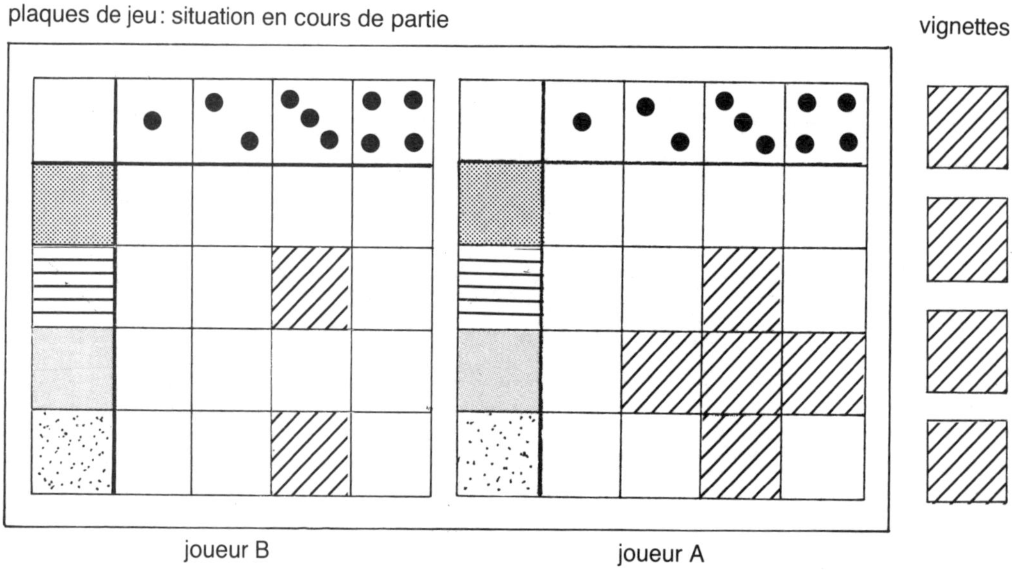


**Déroulement du jeu**

*Règle du jeu :* 2 joueurs.
Le joueur A place des vignettes sur certaines cases de son tableau de manière à réaliser une figure de son choix.
Le joueur B doit deviner cette figure en nommant les cases.
A chaque réponse positive du joueur A, le joueur B place une vignette sur la case qu'il vient de décrire.

*But du jeu :* A la fin du jeu, le joueur B doit avoir reconstitué le modèle identique à celui du joueur A, s'il ne s'est pas trompé !

## Variante

*Règle du jeu:* Le joueur A dicte au joueur B à quel emplacement il doit placer sa vignette et place la sienne simultanément dans la case décrite.

*But du jeu:* A la fin de la partie (quand il n'y a plus d'étiquettes), on compare les 2 situations qui doivent être les mêmes.

exemple de situation finale

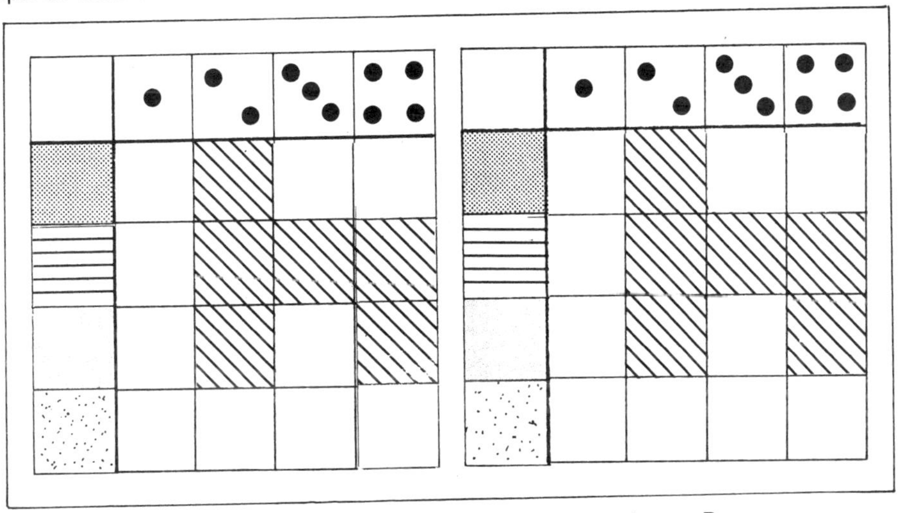

joueur A joueur B

*Remarque:* On limitera le nombre de vignettes, afin que chaque joueur puisse utiliser 6 ou 8 vignettes, ce qui permet de comparer les 2 modèles et de ne pas remplir toutes les cases.

On peut placer un paravent entre les 2 joueurs pour éviter qu'ils s'influencent l'un l'autre.

# LES RENARDS ET LES ŒUFS

**Objectifs**
– comptage ; ajouter et retrancher.

**Matériel**
– 1 plan de jeu représentant un chemin dans les bois. Sur ce chemin sont représentés des nids et des renards ainsi que des cases vides. Dans les nids, des chiffres indiquent le nombre d'œufs à ramasser ;
– 1 dé avec des constellations de 1 à 3 points ;
– des œufs en carton ou en pâte à sel ;
– des plaques de jeu individuelles représentant un panier pour y ranger les œufs ;
– 1 pion par joueur.

plan de jeu

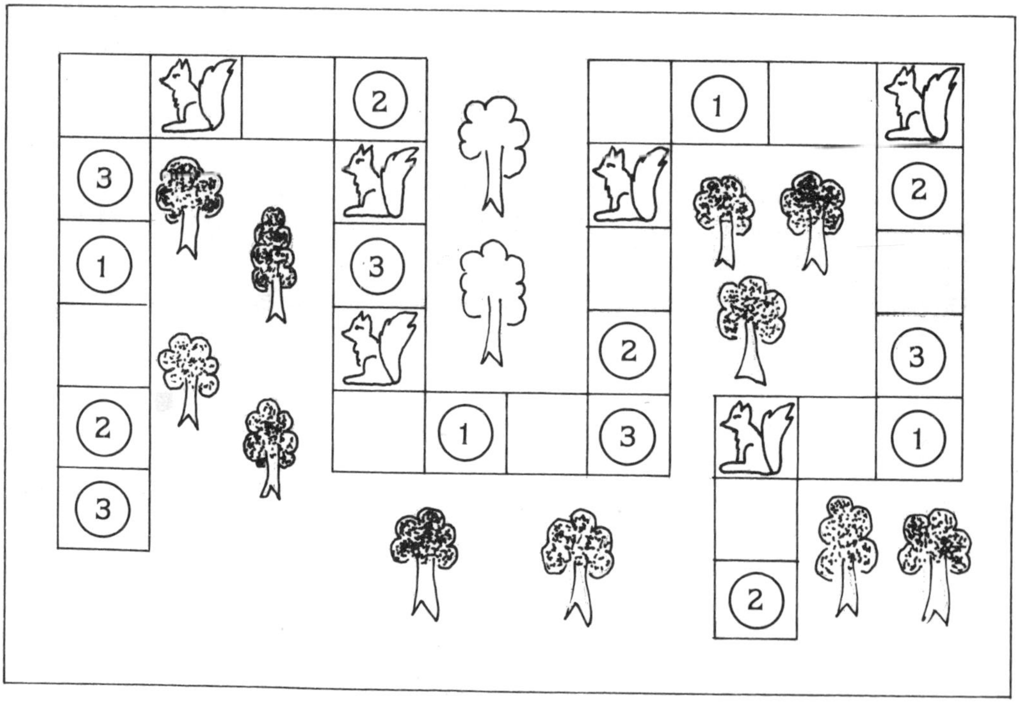

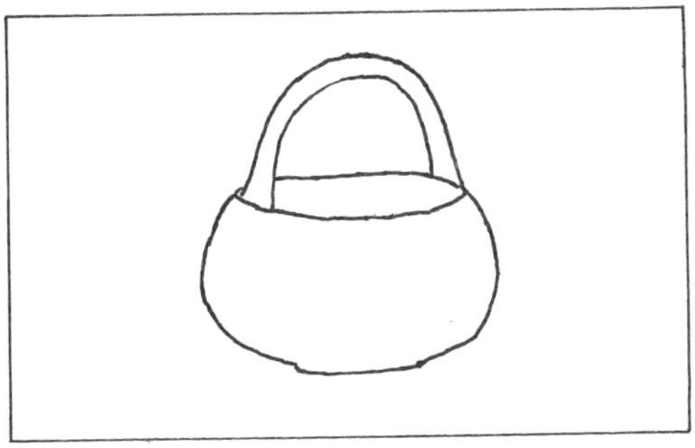

plaque de jeu

œufs

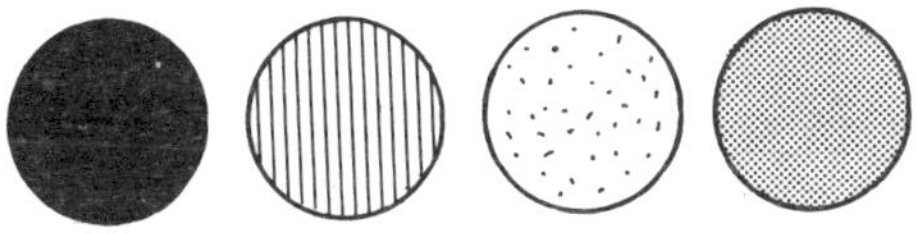

pions

dé

**Déroulement du jeu**

*Règle du jeu:* 2, 3 ou 4 joueurs.
A tour de rôle, chaque joueur lance le dé et fait avancer son pion en fonction des indications fournies par le dé.
Si le pion stoppe sur une case avec un nid, le joueur place dans son panier un nombre d'œufs égal au chiffre écrit dans le nid.
Si le pion stoppe sur une case avec un renard, le joueur lance le dé pour savoir combien d'œufs va gober le renard: il enlève autant d'œufs de son panier.
Si le pion stoppe sur une case avec un renard et que le panier est encore vide, le joueur relance le dé.

*But du jeu:* Ramasser le plus possible d'œufs.
Celui qui a le plus d'œufs dans son panier à la fin du jeu a gagné.

# LECTURE D'UN TABLEAU

**Objectifs**

– acquisition des notions de couleur, forme, taille, épaisseur.

**Matériel**

– 30 blocs logiques ;
– des bandes cartonnées figurant des tableaux. Ces tableaux indiquent les caractéristiques d'un bloc logique selon 4 critères : couleur, forme, taille, épaisseur ;
– 1 plan de jeu représentant un circuit.

bandes cartonnées

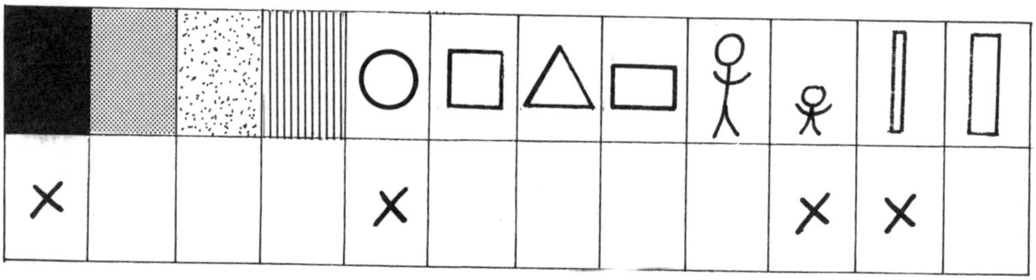

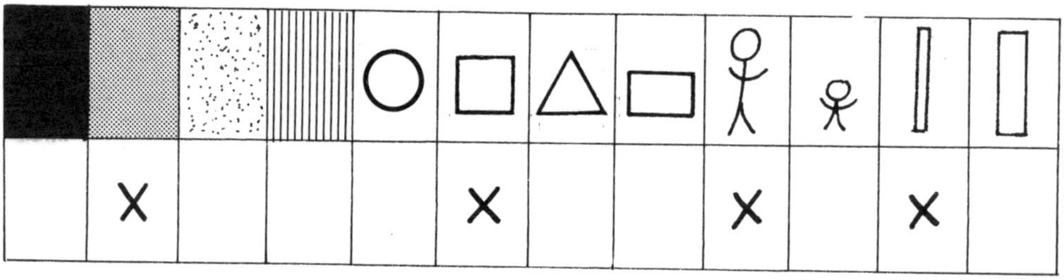

blocs logiques

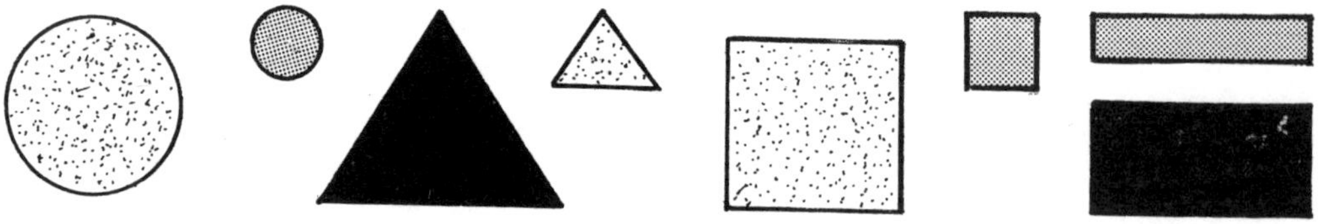

plan de jeu

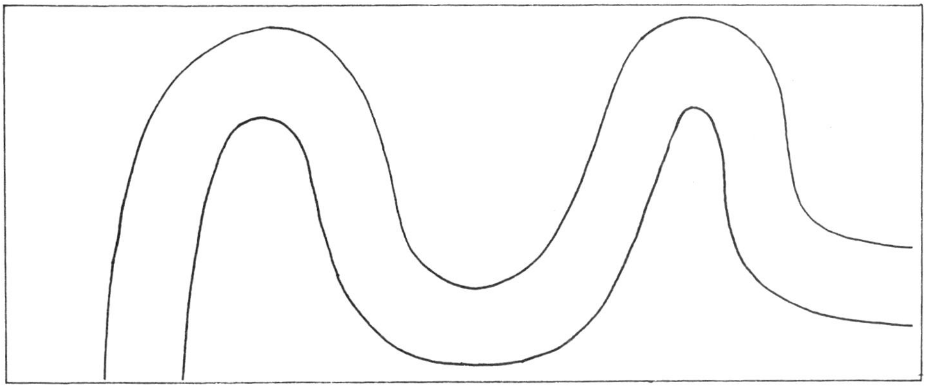

## Déroulement du jeu

*Règle du jeu :* 4 joueurs.
On distribue les bandes cartonnées à chaque enfant.
A tour de rôle, chacun déchiffre une bande et cherche l'élément ayant toutes les caractéristiques décrites par cette bande. Puis il pose son élément sur le circuit.

*But du jeu :* Compléter collectivement le circuit.

exemple de situation finale

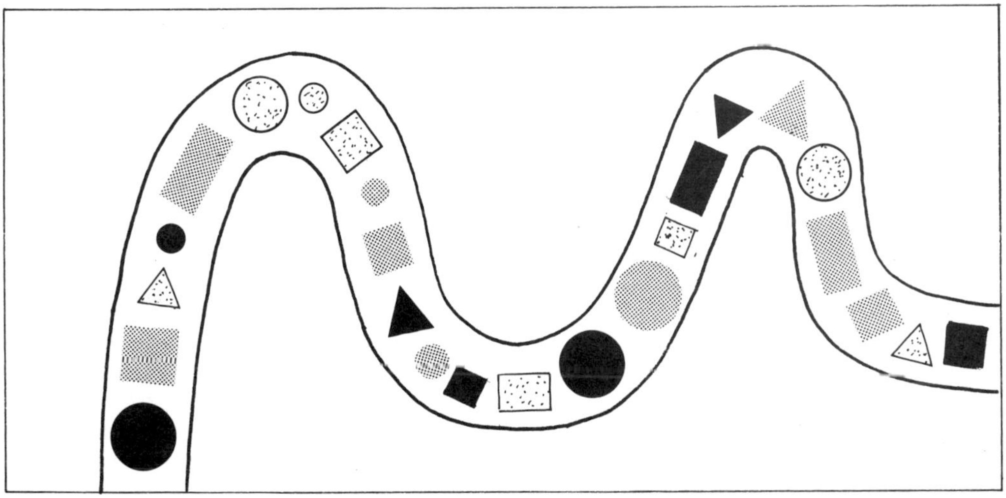

*Remarque :* Ce jeu développe les capacités d'attention et de réflexion des enfants qui doivent tenir compte de 4 critères.

# LE JEU DES THERMOMÈTRES

**Objectifs**
- prise de conscience du fonctionnement d'un thermomètre en relation avec la température ;
- notions de mesure (le niveau du mercure monte ou descend selon qu'il fait plus chaud ou plus froid).

**Matériel**
- 4 plaques de jeu individuelles représentant un thermomètre ;
- des petites vignettes de 1 cm de largeur correspondant à 1°. Sur chaque vignette, un trait matérialisant le niveau du mercure ;
- 1 dé avec 3 soleils et 3 bonhommes de neige (chaud et froid) ;
- 1 dé avec des constellations de 1 à 3.

plaque de jeu

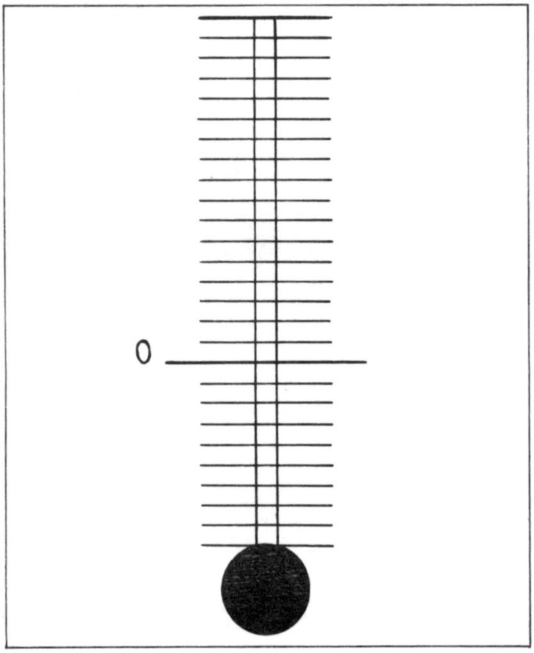


vignettes

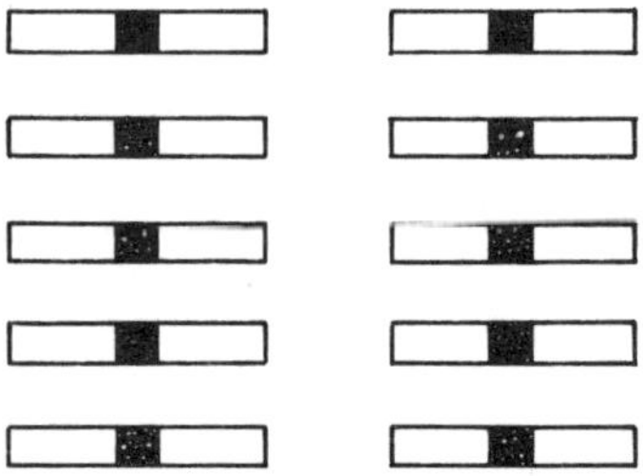

dé

dé

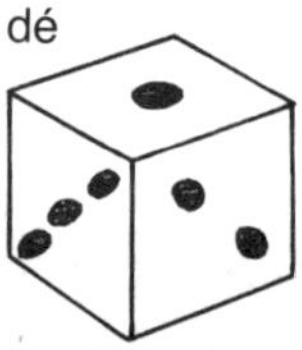

## Déroulement du jeu

*Règle du jeu :* 2, 3 ou 4 joueurs.
Chaque joueur place préalablement des vignettes correspondant aux degrés en dessous du niveau 0.
Chacun lance les dés à tour de rôle et fait monter ou descendre le mercure sur son thermomètre en fonction des indications fournies par les dés.
Si le mercure atteint le niveau supérieur du thermomètre, l'enfant ne peut rejouer que s'il a un bonhomme de neige.

*But du jeu :* Il n'y a ni gagnant ni perdant.
A la fin de la partie, les plaques présentent des situations différentes qui invitent les enfants à établir des comparaisons.
Selon le niveau du mercure, on peut faire découvrir aux enfants :
- qu'il fait très chaud ;
- qu'il fait très froid ;
- qu'il fait doux, etc.

situation de départ

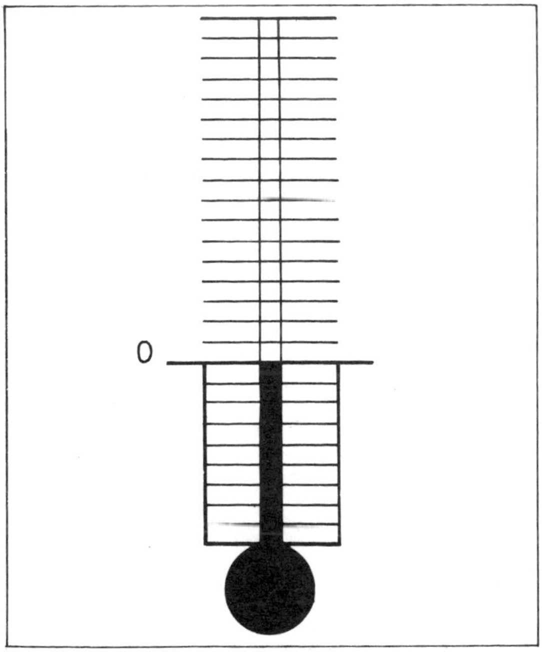

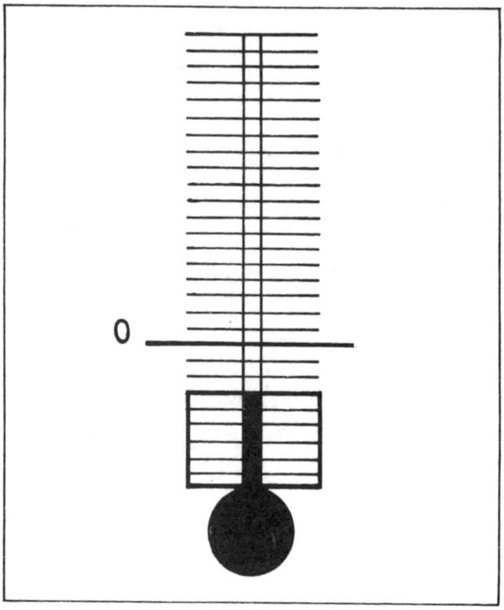


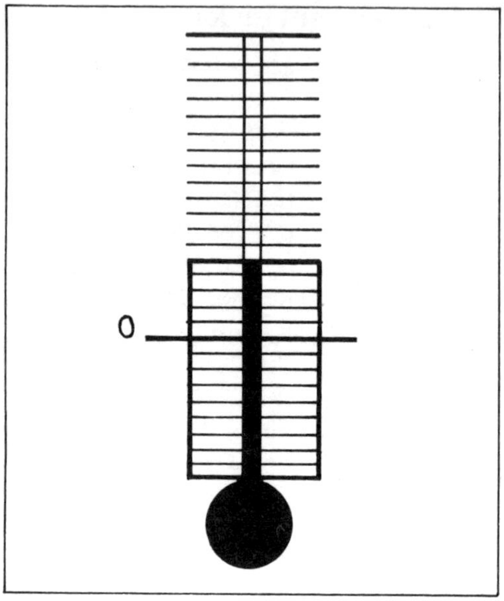


exemples de situations finales

*Remarque:* Si le dé indique un bonhomme de neige dès le départ, l'enfant pourra déjà enlever les vignettes correspondantes.

## Variante

On peut jouer de la même façon en remplaçant le dé avec les soleils et les bonhommes de neige par un dé comportant les signes ⊞ et ⊟.

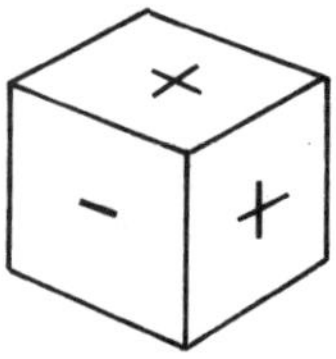

# JEU D'IMAGINATION

## — réglettes —

### Objectifs

- comptage de 1 à 6;
- structuration d'un espace sur le quadrillage;
- notion d'équivalence entre le nombre et la longueur;
- approche de la mesure.

### Matériel

- 4 plaques individuelles quadrillées. Les carreaux mesurent 1 cm²;
- un jeu de bâtonnets (réglettes) de 1 à 6;
- 1 dé avec des constellations de 1 à 6 points.

dé

bâtonnets

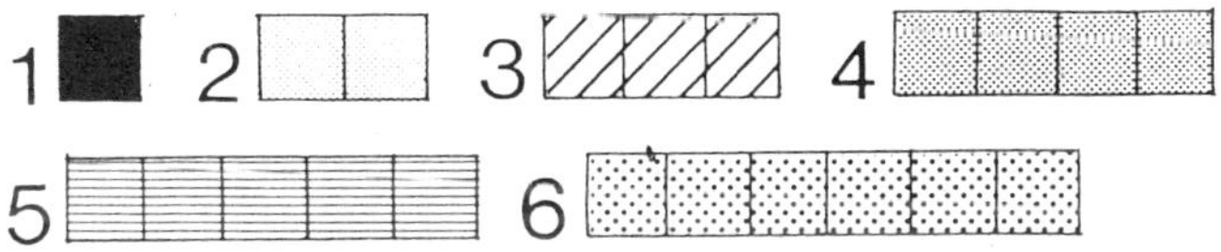


### Déroulement du jeu

*Règle du jeu:* 4 joueurs.
A tour de rôle, chaque joueur lance le dé puis place sur sa plaque le bâtonnet dont la longueur correspond au chiffre indiqué par le dé.
Chacun dispose ses bâtonnets sur la grille comme il le désire en essayant de composer une figure selon son imagination. Il a la possibilité de déplacer ses bâtonnets au cours du jeu si besoin est.

*But du jeu:* Imaginer un dessin, comparer les réalisations et deviner ce que chacun a inventé.

exemples de réalisations

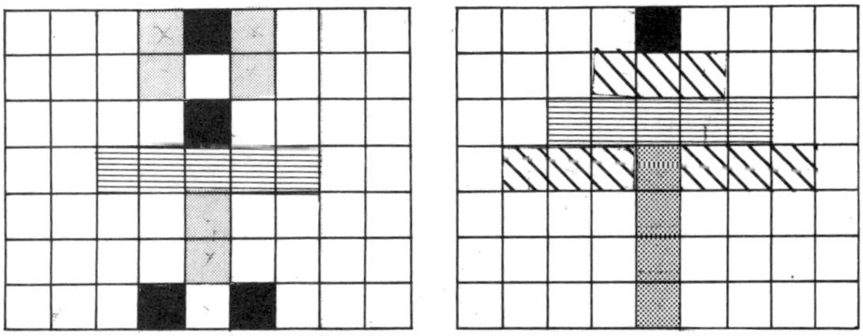

*Remarque:* Pour ce jeu, il est possible d'utiliser les réglettes Brissiaud des éditions Retz.

# LE GÂTEAU AU YAOURT

A l'occasion d'une fête ou d'un anniversaire, l'ensemble de la classe va confectionner un gâteau au yaourt. Mais 1 gâteau ne suffira pas pour tous les enfants, il faut en faire 3.
Mais combien faut-il d'ingrédients pour 3 gâteaux?

**Objectifs**

- lecture d'un tableau à double entrée;
- comptage;
- approche de la multiplication.

**Matériel**

- 1 bande codée avec la recette du gâteau;
- des étiquettes sur lesquelles sont dessinés les ingrédients;
- 1 plaque de jeu sur laquelle est dessiné un tableau à double entrée:
  - en abscisse, le nombre de gâteaux;
  - en ordonnée, les ingrédients pour 1 gâteau.

bande codée

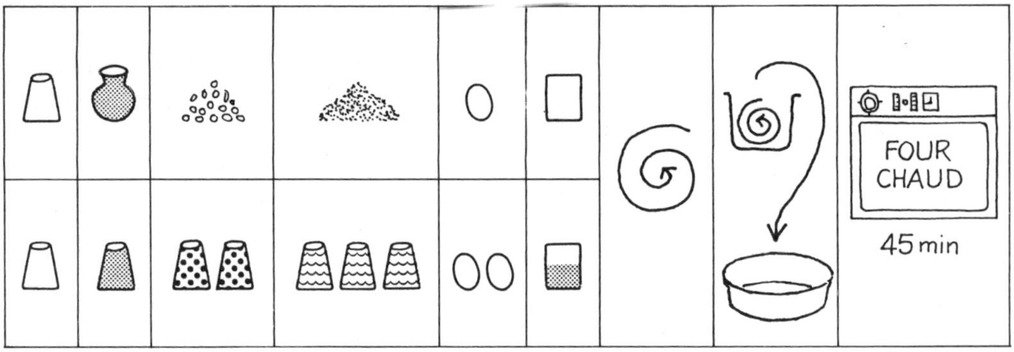

huile — pot de yaourt — sucre — farine — œuf — levure

étiquettes

## Déroulement du jeu

*Règle du jeu:* 3 joueurs.
Les étiquettes sont retournées à l'endroit. Chaque enfant choisit une colonne. A tour de rôle, chacun place les ingrédients nécessaires selon le nombre de gâteaux de sa colonne.

*But du jeu:* Compléter le tableau afin de pouvoir compter tous les ingrédients nécessaires à la réalisation des 3 gâteaux.

exemple de situation finale

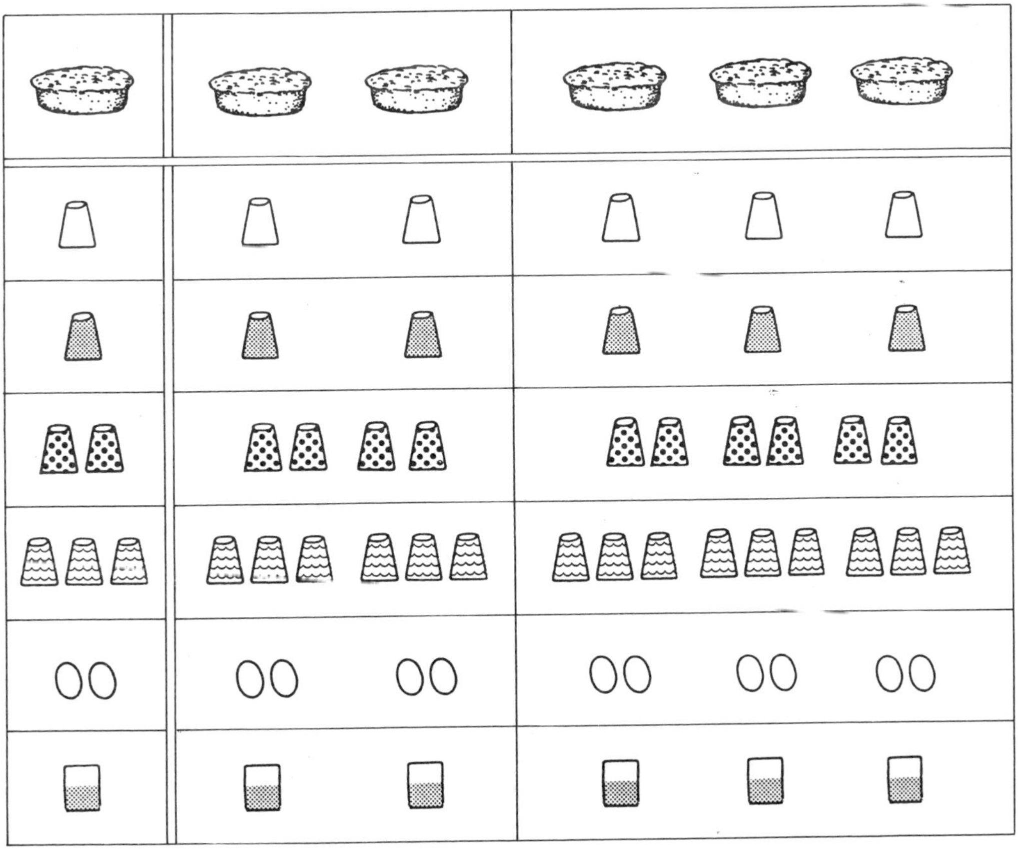

## Variante

Pour simplifier, au lieu d'avoir des éléments uniques sur les étiquettes, on peut faire des étiquettes avec des groupes d'éléments correspondant à 1 gâteau.

étiquettes

exemple de situation finale

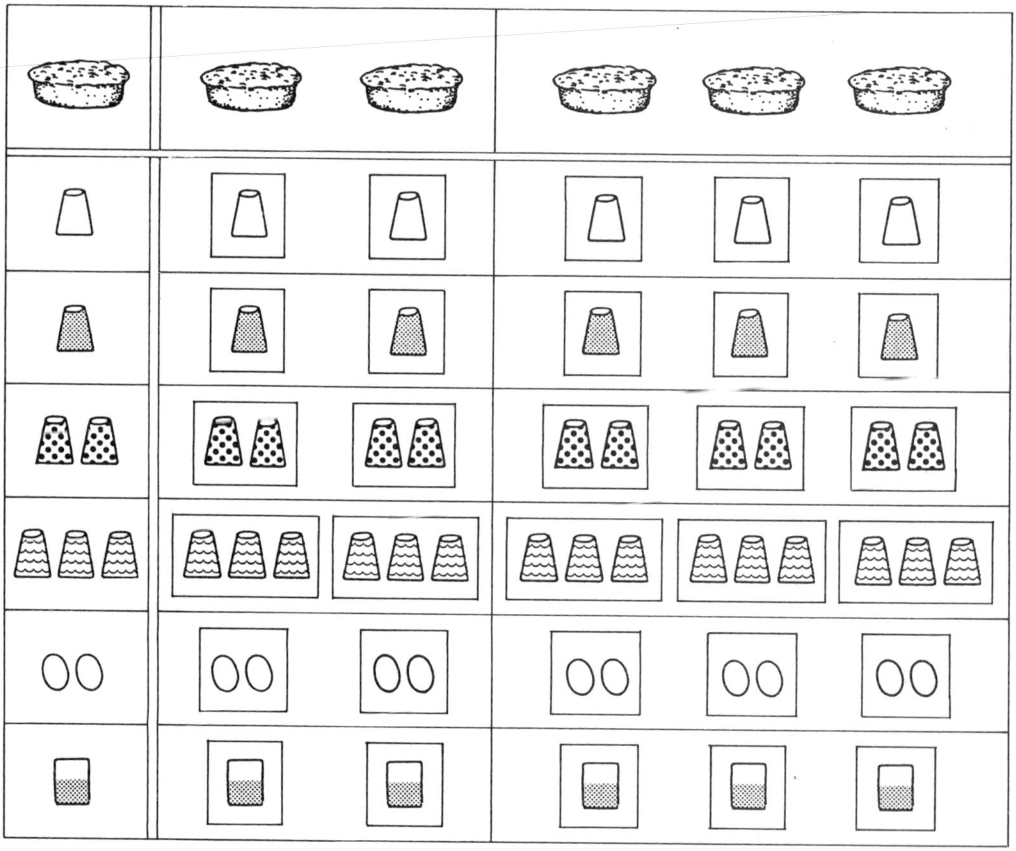

# ◻◻ LE RENARD ET LES CANARDS ◻◻

**Objectifs**

– approche des notions d'«intérieur» et «extérieur», «dedans» et «dehors».

**Matériel**

– 1 roue en carton ou en bois d'environ 30 cm de diamètre. La roue est divisée en 12 parties égales. Une flèche mobile est située au milieu de la roue ;
  - 4 parties ont le signe  (intérieur) ;
  - 4 parties ont le signe  (extérieur) ;
  - 4 parties figurent des renards.

– 1 plaque représentant la maison du renard. A l'intérieur, un renard en carton ou en pâte à sel ;

– des plaques individuelles représentant une mare ;

– 16 canards en carton ou en pâte à sel.

roue

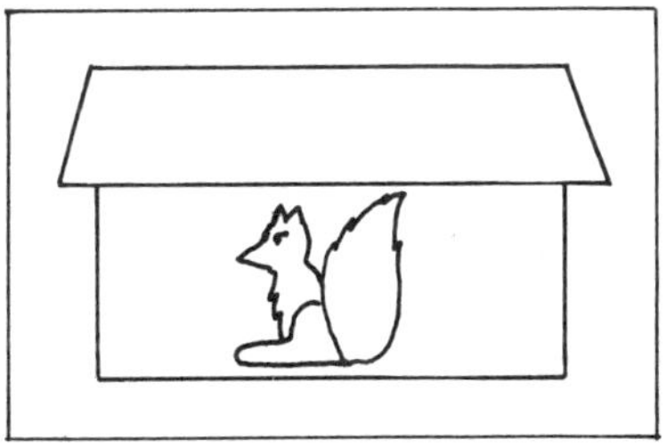

maison du renard

plaque individuelle

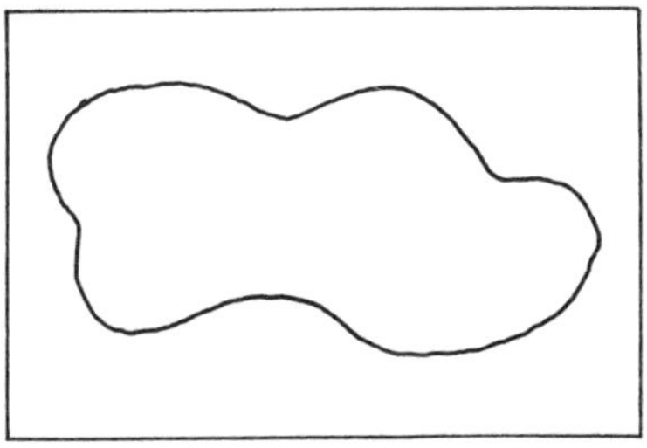

canards

## Déroulement du jeu

*Règle du jeu :* 4 joueurs.

Chaque enfant possède une plaque individuelle avec une mare, et 4 canards. Tous les canards sont placés devant chaque enfant à l'extérieur de la plaque.
Au centre sont disposés la roue et la maison du renard.

Le premier joueur fait tourner la roue. La flèche indique le signe (●) . Il place 1 canard à l'intérieur de sa mare.

Le deuxième joueur fait tourner la flèche qui indique le signe ○●.

Il place 1 canard à l'extérieur de sa mare.

Le troisième joueur fait tourner la flèche qui s'arrête sur le renard.
Il y a alors 3 solutions.
- pas de canard en jeu, on passe son tour ;
- le canard est à l'intérieur de la mare, il est protégé du renard ;
- le canard est sur la rive, le renard le capture. On enlève le canard et on le met dans la maison du renard.

On peut mettre plusieurs canards en jeu :

- si la flèche indique le signe (●) alors qu'il y a déjà 1 canard à l'intérieur de la mare ;
- si la flèche indique le signe ○● alors qu'il y a déjà 1 canard à l'extérieur de la mare.

*Exemple de déroulement du jeu pour un joueur :*

1er tour : Mise en jeu d'1 canard dans la mare.

2e tour : Le canard saute à l'extérieur de la mare.

3e tour : Le canard saute à l'intérieur de la mare.

4e tour : On passe son tour mais on conserve le canard, celui-ci étant protégé du renard à l'intérieur de la mare.

5e tour : On met un 2e canard en jeu, à l'intérieur de la mare : 2 canards dans la mare.

6e tour : 1 canard saute à l'extérieur de la mare.

7e tour : 1 canard étant à l'extérieur de la mare, le renard le capture (on le met dans la maison du renard).

8e tour : On passe son tour, le canard qui reste étant à l'intérieur de la mare.

9e tour : Mise en jeu d'1 nouveau canard dans la mare, etc.

*But du jeu :* Celui qui a gardé le plus de canards a gagné.

# LE BOULIER

**Objectifs**
- comptage de 1 à 7;
- approche de la notion d'addition;
- équivalences: «autant que».

**Matériel**
- 1 plan de jeu figurant un boulier et comportant des additions; les chiffres de gauche sont en bleu, ceux de droite en rouge;
- des jetons ronds bleus et rouges.

plan de jeu

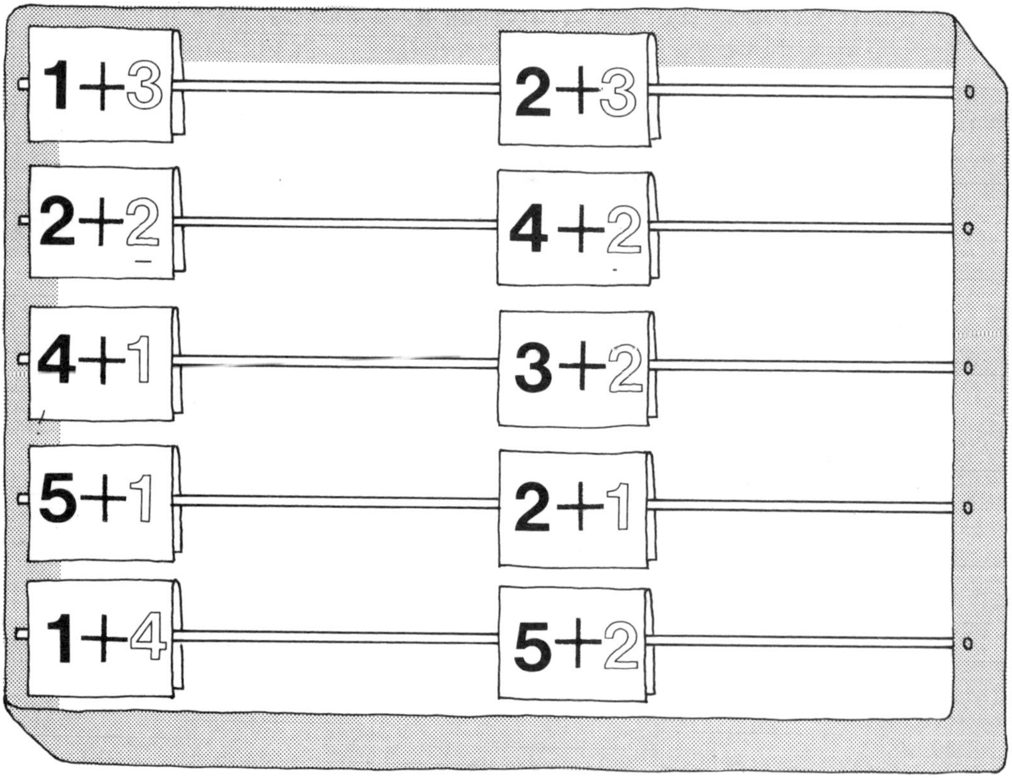


jetons

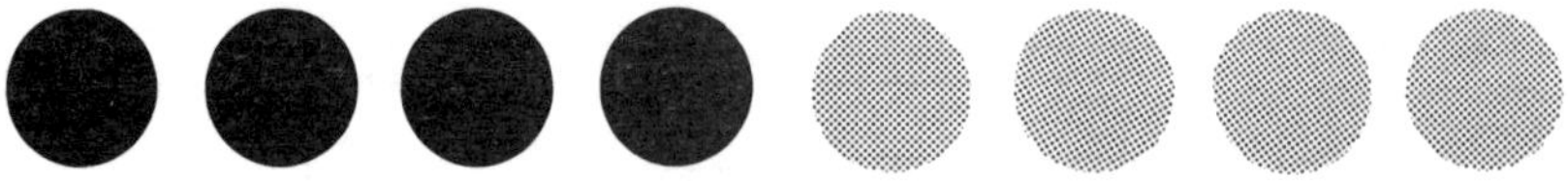

**Déroulement du jeu**

*Règle du jeu:* 2 ou 3 joueurs.
A tour de rôle, chaque joueur « lit » une addition. Il place les jetons de façon à reproduire l'opération, en associant la couleur du nombre au nombre de jetons.

*But du jeu:* Compléter collectivement le boulier.

exemple

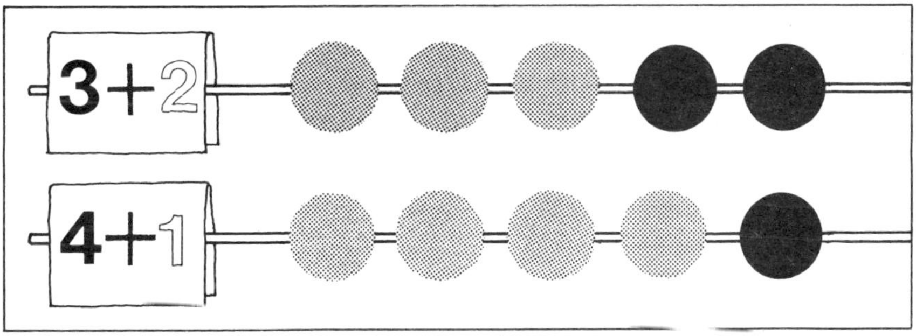


*Remarque:* Ce jeu favorise l'entraide et la concertation entre les enfants.

# LES COMBINAISONS

**Objectifs**
- raisonner pour trouver les différentes façons de composer une même quantité ;
- comptage ;
- approche de la comparaison : « autant que » ;
- approche de la notion d'addition.

**Matériel**
- 1 plan de jeu avec 4 trains de 4 couleurs différentes. Dans chaque locomotive un nombre indique la quantité d'éléments que devra contenir chaque wagon de ce train ;
- 29 bâtonnets ou jetons de 2 couleurs différentes.

plan de jeu

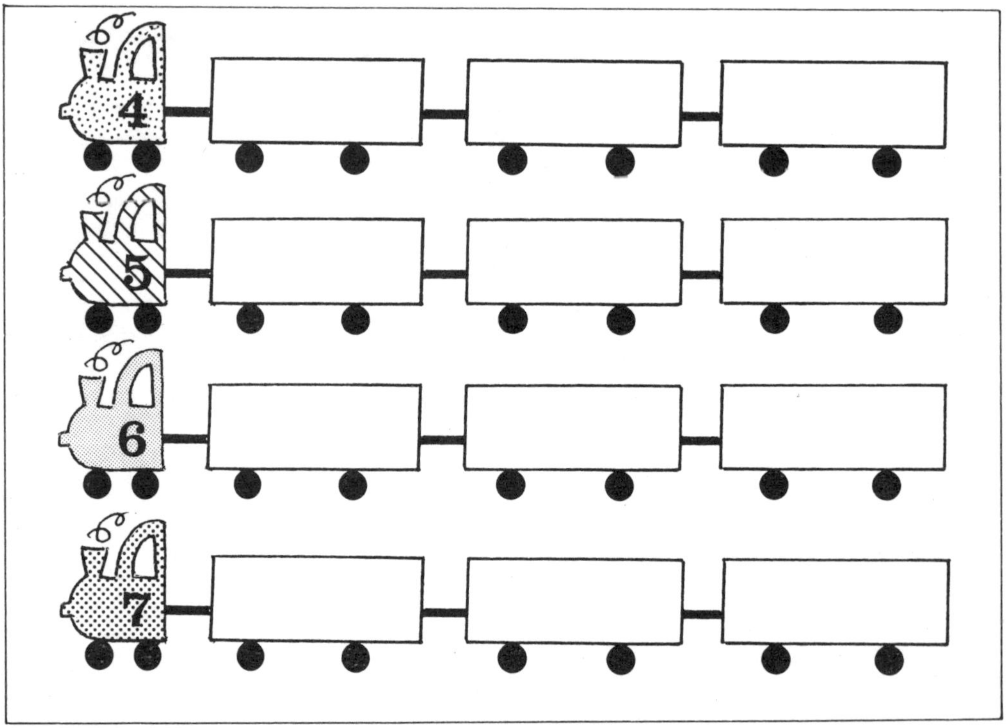

bâtonnets

## Déroulement du jeu

*Règle du jeu:* 4 joueurs.
Chaque joueur choisit un train. Chaque wagon doit contenir autant d'éléments que le chiffre indiqué sur la locomotive mais chaque ensemble d'éléments doit être différent.

*But du jeu:* Chaque enfant charge son train: le premier qui a terminé en respectant la règle a gagné.

exemple de situation finale

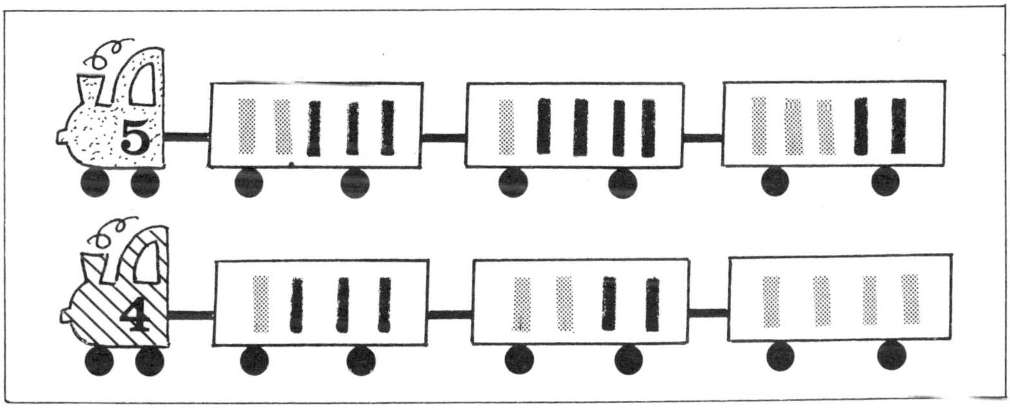


*Remarque:* Les enfants peuvent s'entraider. Le jeu peut être facilement contrôlé par l'enseignant à la fin de la partie.

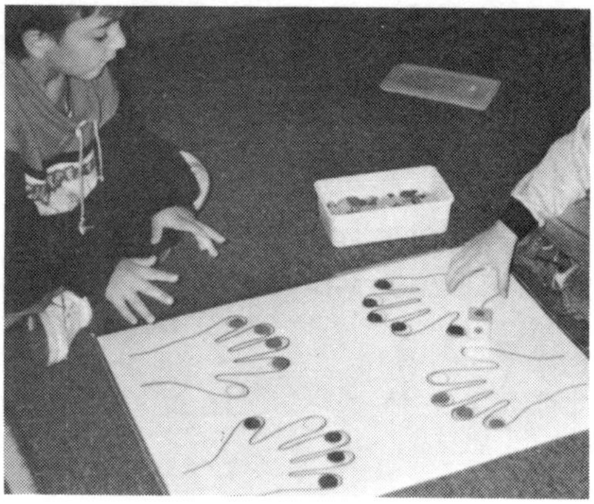

Les petites mains, p. 88-89.

L'escargot, p. 38-39.

La tablette de chocolat, p. 77-78-79.

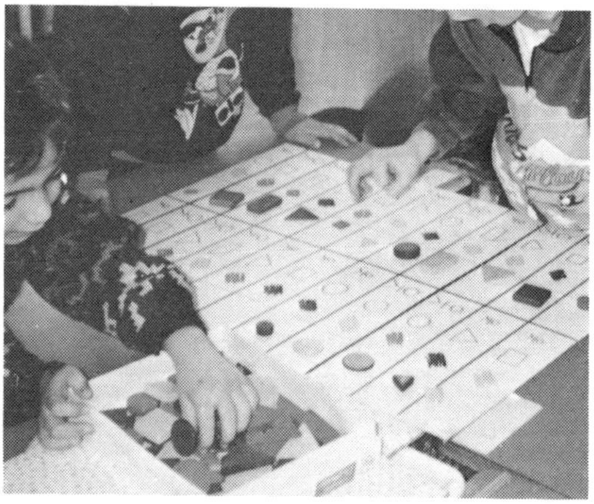

Le loto des formes, p. 16-17.

La route des œufs, p. 26-27.

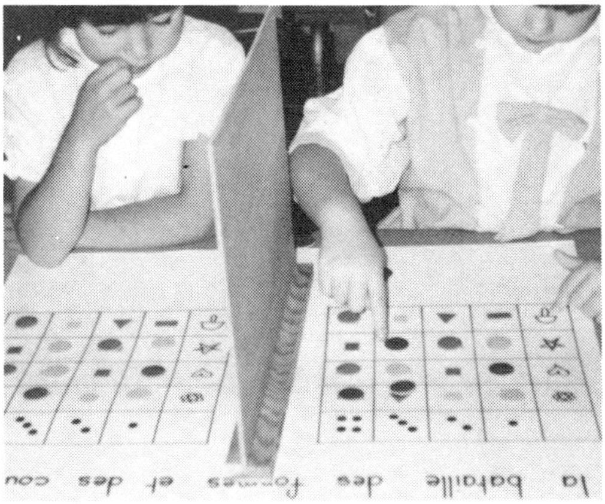

La bataille des images, p. 122-123.

Le renard et les œufs, p. 46-47.

Les combinaisons, p. 62-63.

Le renard et les canards, p. 57-58-59.

La route des formes, p. 22-23.

# □□□ LE CHAT ET LES SOURIS □□□

**Objectifs**

– étude des lignes fermées et des lignes ouvertes; notions d'« intérieur » et d'« extérieur ».

**Matériel**

– 1 plan de jeu sur lequel est représenté un circuit divisé en cases alternant des lignes ouvertes et des lignes fermées;
– 1 dé avec des constellations de 1 à 5 points et une face blanche;
– 24 souris en pâte à sel ou en carton, avec des queues de 4 couleurs différentes;
– 1 plaque en carton représentant la maison du chat.

plan de jeu

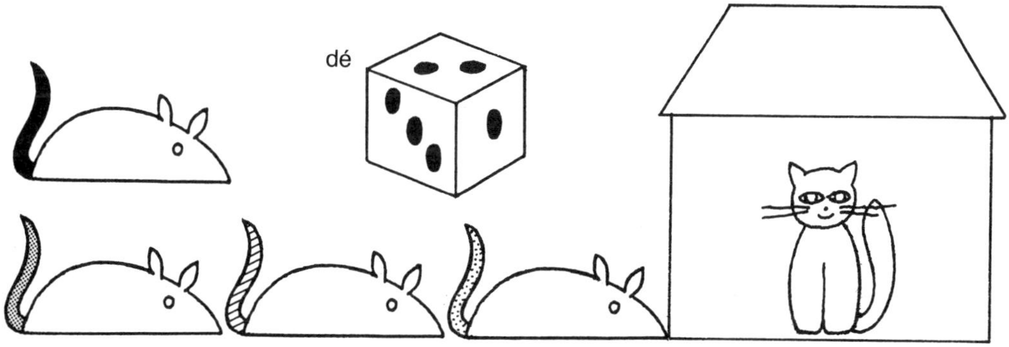


## Déroulement du jeu

*Règle du jeu:* 4 joueurs.
Chaque joueur a 6 souris identiques en sa possession. A tour de rôle, chacun lance le dé et avance sa souris en fonction du nombre de cases indiqué par le dé. S'il s'arrête sur une ligne fermée, la souris est protégée. S'il s'arrête sur une ligne ouverte, le chat peut attraper la souris, le joueur place donc la souris dans la maison du chat. Il remet en jeu une 2e souris en la plaçant dans la case précédant celle dans laquelle il s'est arrêté (ceci pour que la souris soit dans une ligne fermée, protégée du chat).
Lorsque le dé s'arrête sur la face blanche, on passe son tour.

*But du jeu:* Atteindre le premier le bout du circuit (le fromage) en évitant que les souris soient mangées par le chat.

## Variante

### Matériel

- 1 plan de jeu sur lequel est représenté un circuit. Dans les cases sont dessinées des images. Un point rouge est placé soit à l'intérieur soit à l'extérieur de ces images;
- 1 dé avec des constellations de 1 à 3 points;
- 24 souris en pâte à sel ou en carton, avec des queues de 4 couleurs différentes;
- 1 plaque en carton représentant la maison du chat.

### Déroulement du jeu

*Règle du jeu:* 4 joueurs.
Chaque joueur a 6 souris identiques en sa possession.
A tour de rôle, chacun lance le dé et avance sa souris en fonction du nombre de cases indiqué par le dé.

Si la souris «tombe» sur un point rouge extérieur, on la donne au chat qui la mange et l'on remet une autre souris en jeu en la plaçant à l'intérieur de l'image de la case où l'on s'est arrêté.
Si la souris «tombe» sur un point rouge intérieur, elle est protégée du chat et elle continue d'avancer sur le circuit.

*But du jeu:* Atteindre le premier le bout du circuit (le fromage) en évitant que les souris soient mangées par le chat.

plan de jeu

# LES PARCOURS

**Objectifs**
- préparation à la notion d'addition, de soustraction et de reste;
- reconnaissance des signes ⊞ et ⊟;
- notion de mesure et de comparaison: «plus long que, plus court que, moins long que, moins court que, aussi long que»;
- comptage de 1 à 6.

**Matériel**
- 1 roue en bois ou en carton avec au centre une flèche fixée par une attache parisienne.
  La roue est divisée en 8 quartiers dans lesquels sont inscrits des chiffres de 1 à 5 précédés des signes ⊞ ou ⊟;
- 80 bâtonnets rouges de même longueur;
- 4 plaques avec un parcours dont les cases correspondent à la longueur des bâtonnets.

roue

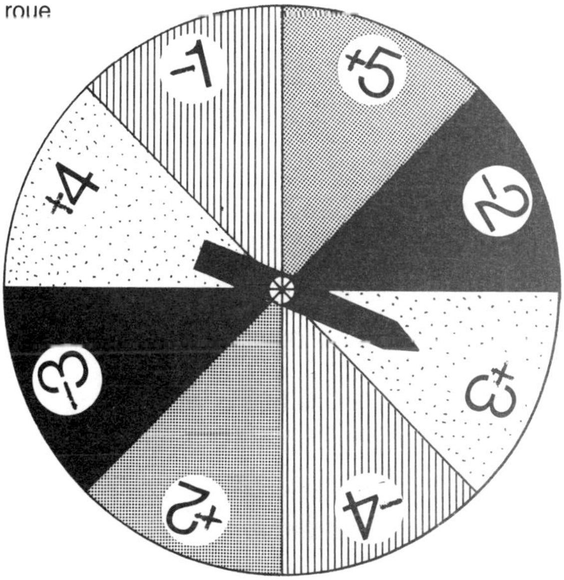

bâtonnets

plaque

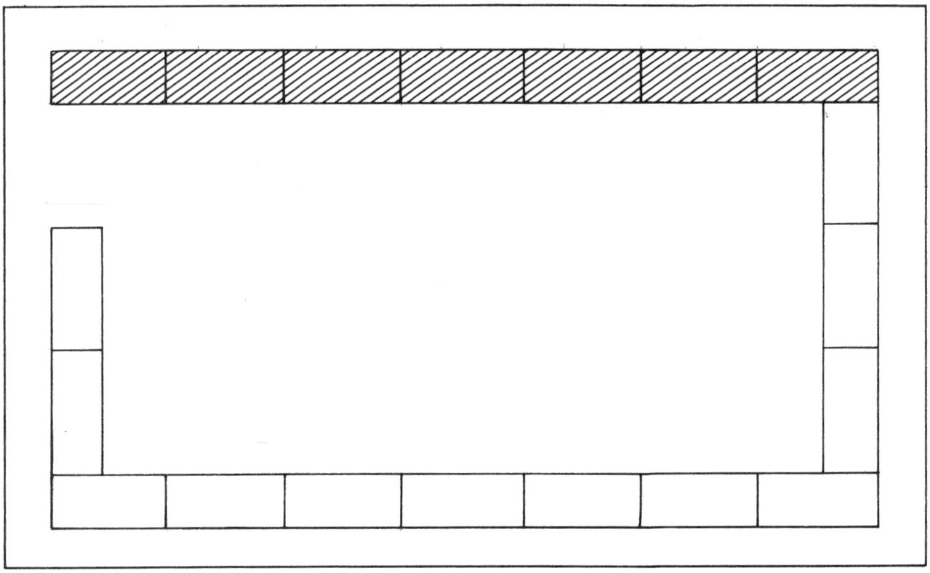

## Déroulement du jeu

*Règle du jeu:* 4 joueurs.
Les bâtonnets rouges sont disposés dans une boîte, et la roue au centre de la table. Tous les enfants placent des bâtonnets sur les 10 premières cases de leurs parcours individuels, ce qui permet dès le départ d'enlever des bâtonnets si on «tombe» sur le signe ⊟. Chacun fait tourner la flèche à tour de rôle et place ses bâtonnets en fonction des indications données par la position de la flèche, sans tenir compte des couleurs de la roue.
Si un joueur n'a plus de bâtonnets sur sa route, il ne peut rejouer que si la flèche indique un nombre précédé du signe ⊞.

*But du jeu:* Parcourir le chemin le plus long, en plaçant le plus de bâtonnets sur son parcours. Le premier qui a complété son parcours avec les bâtonnets à gagné !

## Variantes

En utilisant la même roue, on peut prévoir des jetons et des plaques individuelles sur lesquelles sont représentés des colliers à compléter, cette fois-ci en fonction également des couleurs de la roue.

plaque

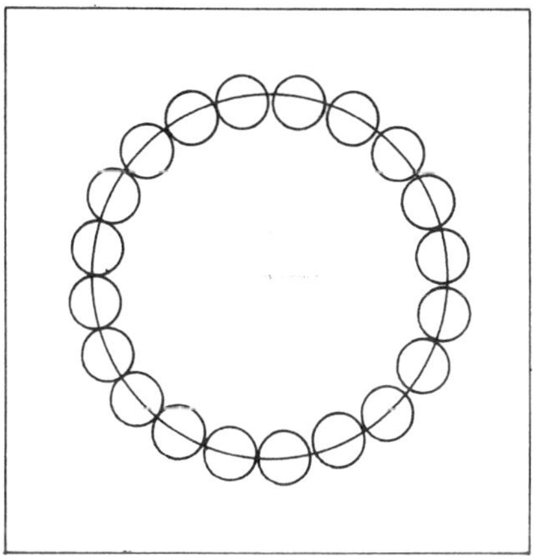

jetons

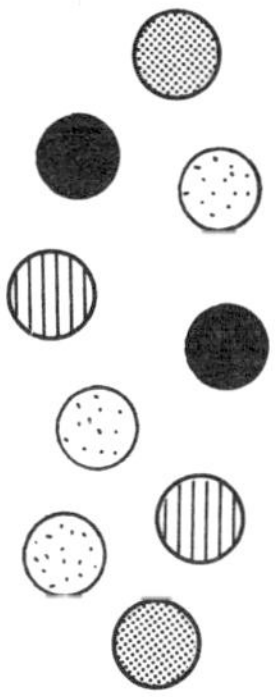

situation de départ

*But du jeu:* Le premier qui a terminé son collier a gagné.

Il est possible également de jouer avec des pièces de 1 F et autant de porte-monnaies que de joueurs.
Au départ chaque enfant a 10 F dans son porte-monnaie. Selon la consigne indiquée par la position de la flèche, il doit rendre des pièces ⊟ ou il en gagne ⊞.

porte-monnaie

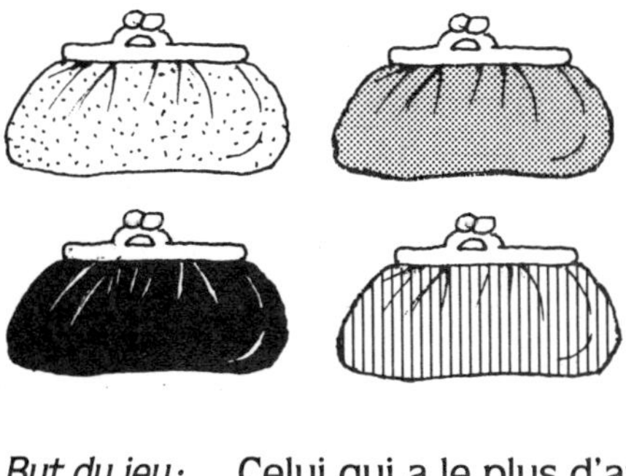

pièces de monnaie

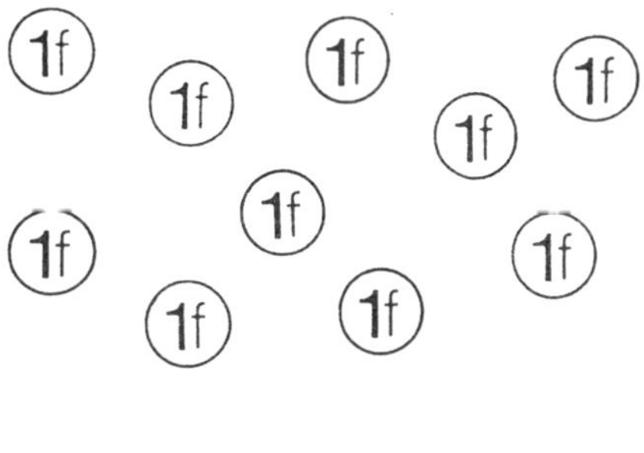


*But du jeu:* Celui qui a le plus d'argent à la fin du jeu a gagné!

# LE TRAIN DES NOMBRES

**Objectifs**
- étude d'un nombre spécifique et des différentes combinaisons pour obtenir ce nombre ;
- comptage ;
- approche de la notion d'addition et de complément.

**Matériel**
- 1 plan de jeu sur lequel sont reproduits plusieurs trains, le nombre de trains et de wagons dépendant du chiffre qu'on veut étudier et des différentes combinaisons possibles ;
- des rectangles de 2 couleurs différentes pour matérialiser les wagons (leur nombre est fonction du nombre de trains) ; 
- des étiquettes où sont inscrites les opérations correspondant aux différentes combinaisons. 1+3

**Déroulement du jeu**

*Règle du jeu :* 2 joueurs.
Chaque train comporte le même nombre de wagons. Chaque enfant joue à tour de rôle et doit trouver les différentes manières de placer les wagons afin que chaque train soit différent.

*But du jeu :* Trouver toutes les combinaisons d'un même nombre.

*Exemple :* Pour le nombre 4, 5 trains tirant chacun 4 wagons.

*Remarque :* On peut, selon les possibilités des enfants, faire correspondre à chaque train l'étiquette illustrant avec des chiffres les différentes combinaisons.
*Il est important que la couleur des chiffres corresponde à la couleur des wagons.*

**Variante**

Il est possible de remplacer les trains par des colliers, et les rectangles par des jetons matérialisant les perles.

exemple de situation finale: les trains.

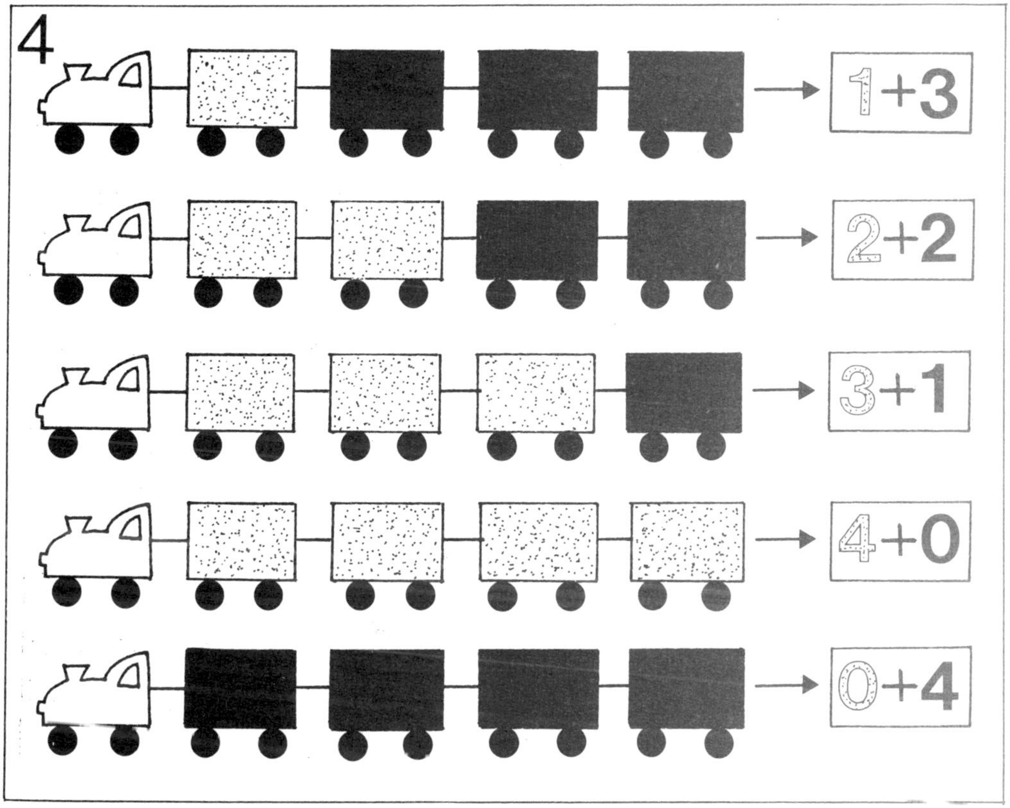


exemple de situation finale: les colliers.

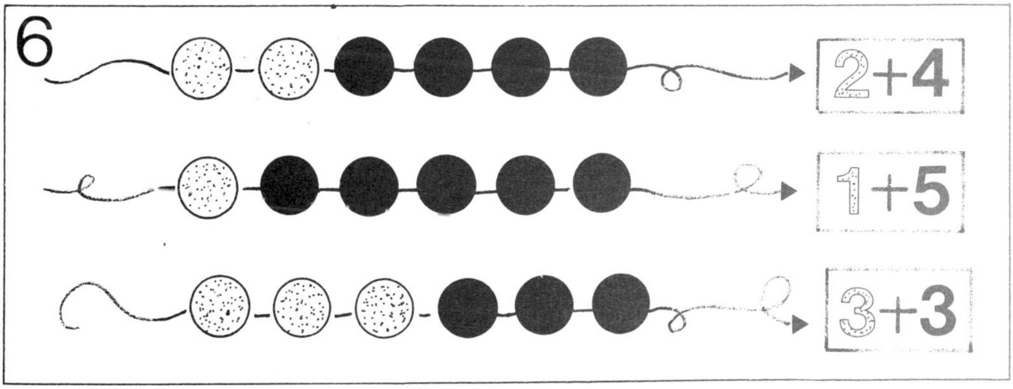


*Remarque:* On peut demander aux enfants d'expliquer oralement chaque situation. Ils sont amenés à faire des comparaisons et à les commenter.

# □□□□ LE JEU DU CHOCOLAT □□□□

**— puzzles —**

**Objectifs**

- comptage ;
- notion d'équivalence : « autant que » ;
- combinaisons.

**Matériel**

- 1 plan de jeu sur lequel sont représentées des tablettes de chocolat de 4, 6, 8 et 12 carreaux ;
- des carrés de chocolat ou barres de 2, 3, 4, 6 carreaux (en carton).

carrés de chocolat

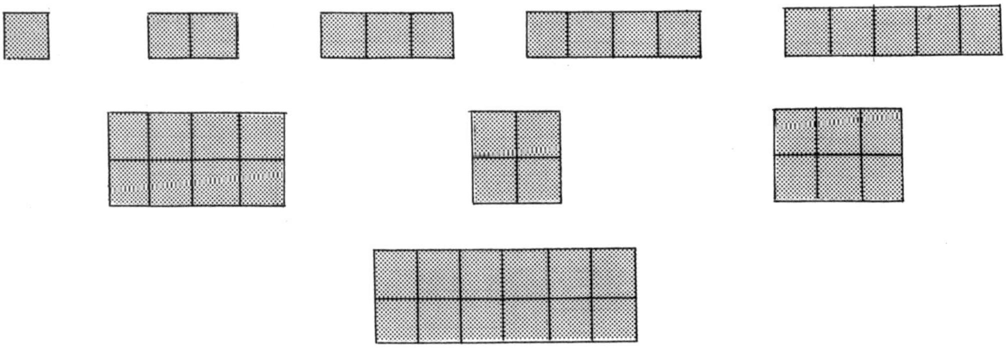

**Déroulement du jeu**

*Règle du jeu :* 2, 3 ou 4 joueurs.

A tour de rôle, les enfants doivent poser les carrés ou barres de chocolat sur le plan de jeu de façon à reconstituer les tablettes de toutes les façons possibles :

*exemple :* Pour la tablette de 6 carreaux :

- 1 × 6 carreaux ;
- 2 × 3 carreaux ;
- 3 × 2 carreaux ;
- 6 × 1 carreau.

*But du jeu :* Compléter le plan de jeu.

exemple de situation finale

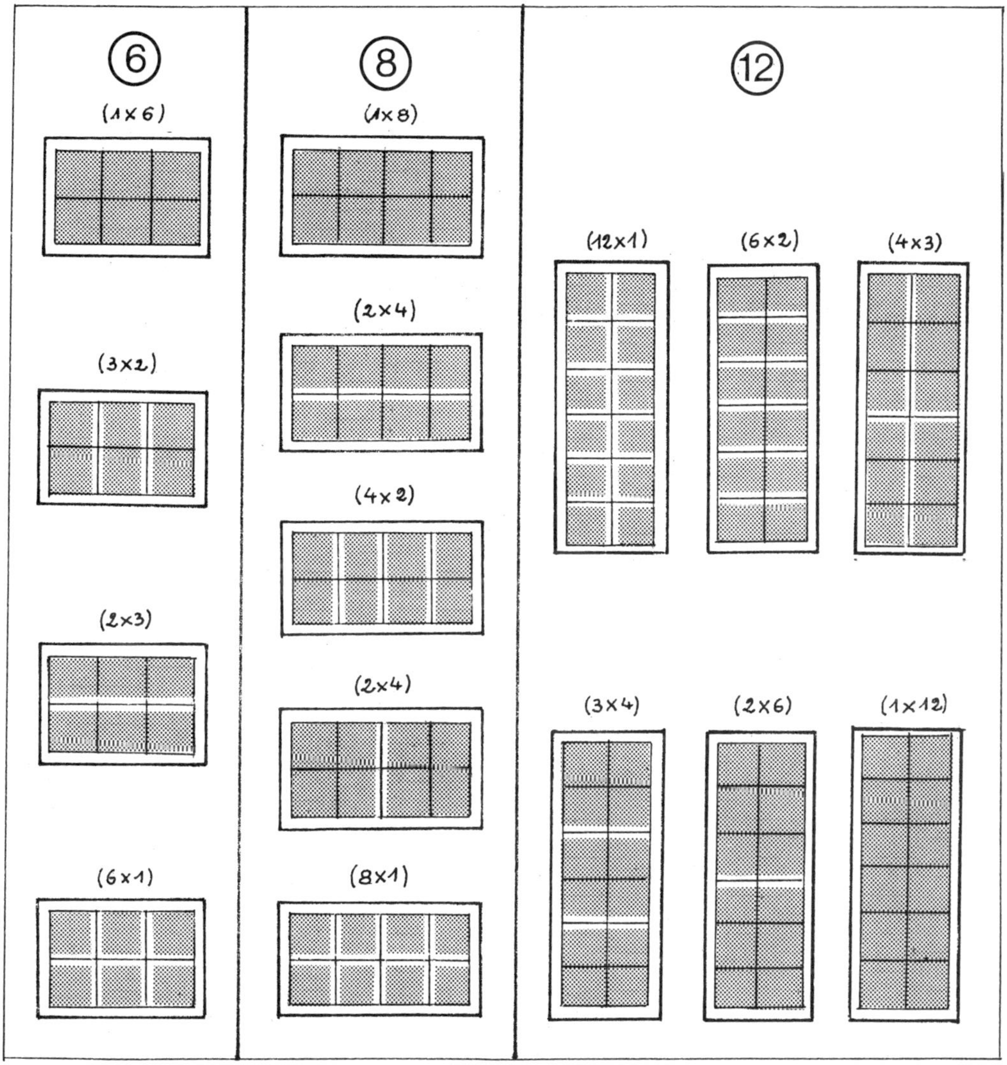


## Variante

Ce jeu peut être simplifié en supprimant les tablettes de 8 ou 12 carreaux.

## Variante

### Matériel

- 1 plan de jeu en 3 colonnes. Chaque colonne représente une tablette de chocolat et le nombre d'enfants entre lesquels chaque tablette doit être partagée ;
- des carrés de chocolat.

carrés de chocolat

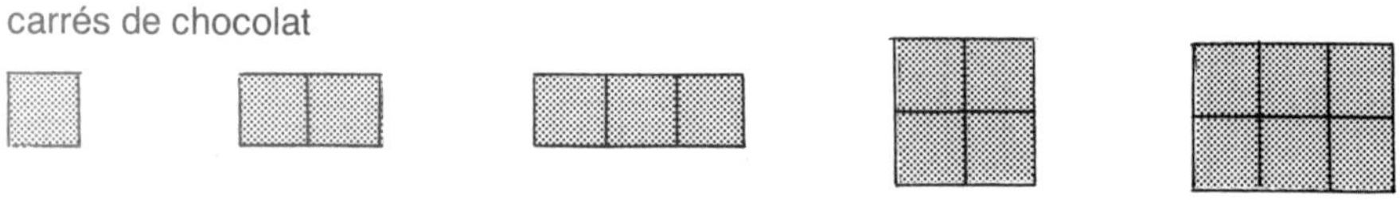

### Déroulement du jeu

*Règle du jeu :* 1, 2 ou 3 joueurs.
Chaque joueur partage les tablettes de chocolat entre les enfants.
*But du jeu :* Compléter le plan de jeu.

exemple de situation finale

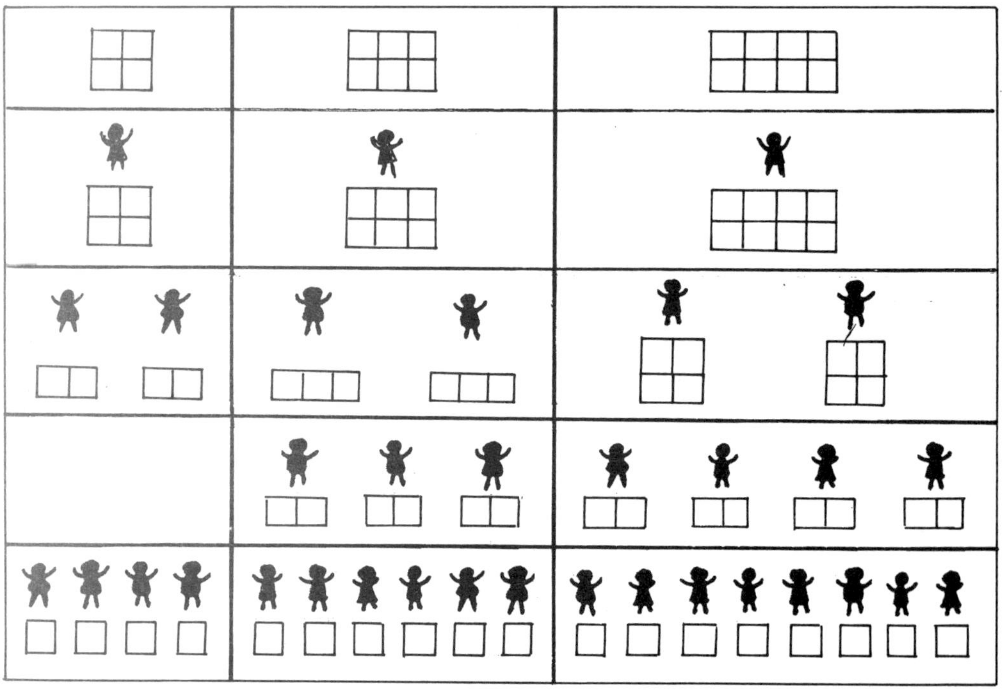

*Remarque :* Cet exercice est autocorrectif. L'enfant peut reconstituer la tablette entière avec ses éléments pour s'assurer qu'il a fait le bon choix.

# LA TABLETTE DE CHOCOLAT

**Objectifs**

- notion de partage;
- comptage de 1 à 8.

**Matériel**

- 1 plan de jeu sur lequel sont représentées 6 tables. Sur 3 tables, une tablette de 6 carreaux de chocolat. Sur les 3 autres tables, une tablette de 8 carreaux de chocolat. Autour de chaque table, un nombre différent d'enfants (sous-multiple de 6 pour les tablettes de 6 carreaux, sous-multiple de 8 pour les tablettes de 8 carreaux);
- des tablettes ou carrés de chocolat (en carton ou pâte à sel);
- des vignettes avec les nombres correspondant au nombre d'enfants assis autour des tables.

plan de jeu

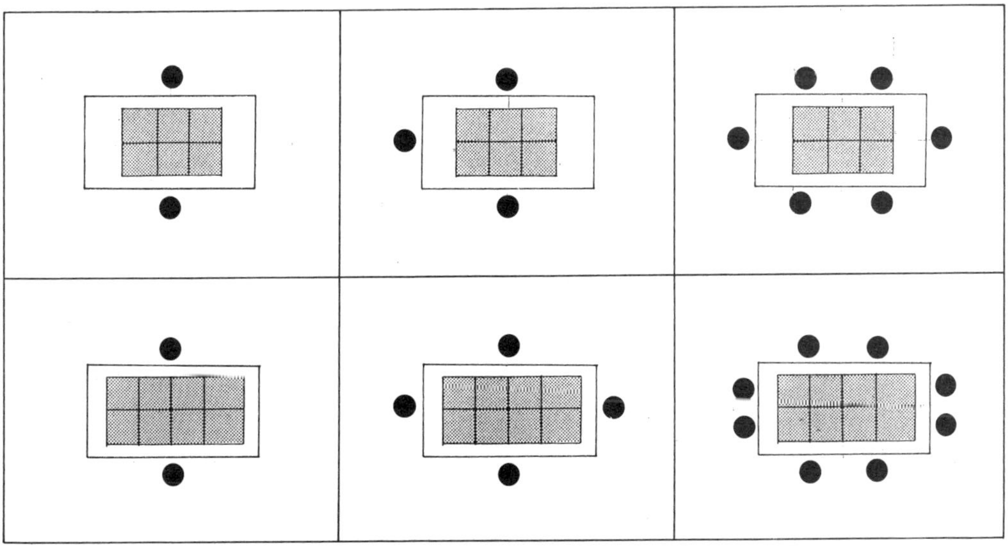

vignettes (2) (3) (4) (6) (2) (8)

carrés de chocolat

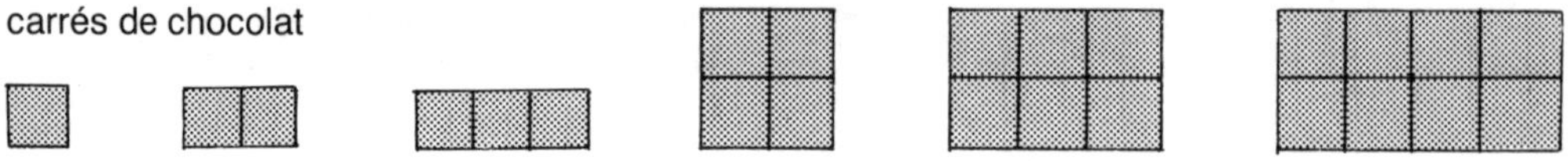

**Déroulement du jeu**

*Règle du jeu:* 2 ou 3 joueurs.
Les vignettes sont retournées à l'envers.
Le premier joueur retourne une vignette.
Si celle-ci indique le chiffre 3, l'enfant doit repérer la table autour de laquelle sont assis 3 enfants. En observant la tablette de 6 carreaux, il doit déterminer combien chaque enfant aura de carreaux de chocolat. Ici, il doit choisir des éléments de 2 carreaux et les donner à chaque enfant.

*But du jeu:* Partager les tablettes entre le nombre d'enfants disposés autour d'une table et reconstituer correctement les tablettes de chocolat.

exemple de situation finale

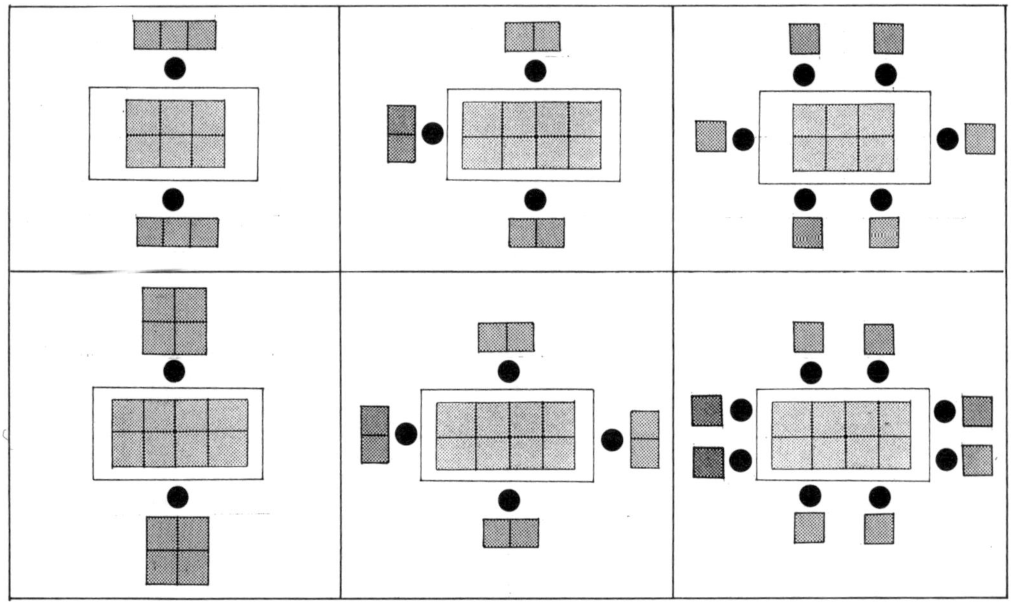

*Remarque:* Ce jeu permet une autocorrection. A la fin de la partie, on doit reconstituer chaque tablette dessinée au milieu des tables avec les carreaux distribués.

## Variante

### Matériel

- 1 plan de jeu sur lequel sont dessinées des tablettes de 12 carreaux de chocolat à partager entre 1, 2, 3, 4, 6 et 12 enfants;
- des vignettes avec les nombres correspondant au nombre d'enfants assis autour des tables;
- des tablettes ou carrés de chocolat (en carton ou pâte à sel).

### Déroulement du jeu

*Règle du jeu:* 2 ou 3 joueurs.
A tour de rôle, chaque enfant retourne une vignette. Si celle-ci indique le chiffre 6, il repère la table autour de laquelle sont installés 6 enfants. Il doit partager la tablette de 12 carreaux en 6 parts égales et donner à chaque enfant le nombre de carreaux correspondants (2).

*But du jeu:* Répartir chaque tablette de façon équitable.

exemple de situation finale

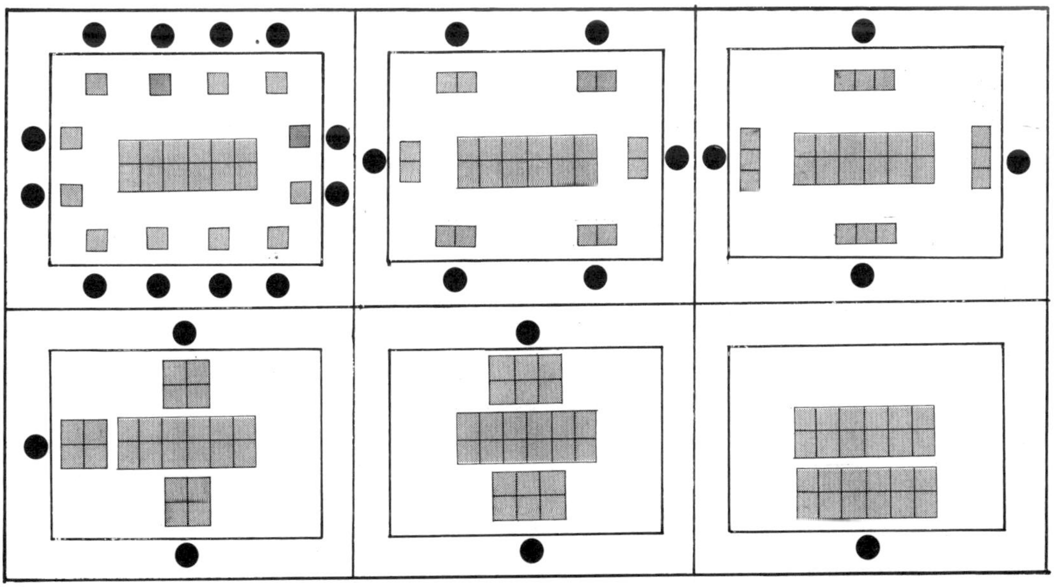

*Remarque:* Cet exercice sera plus facile à réaliser après «les puzzles».

# LES TOURS

**Objectifs**

– comptage de 1 à 5;
– approche de la mesure: «plus haut», «moins haut»;
– acquisition et compréhension des signes ⊞ et ⊟.

**Matériel**

– 1 roue en bois ou en carton, au centre de laquelle est fixée une flèche mobile. La roue est divisée en 8 parties égales;
– 60 cubes à emboîter.

roue

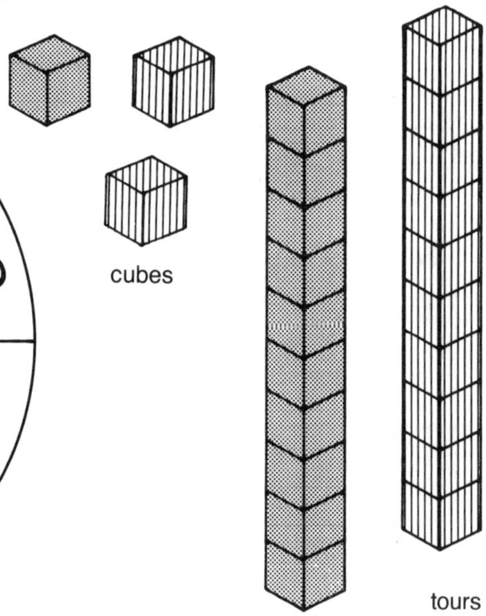

cubes

tours

## Déroulement du jeu

*Règle du jeu:* 4 joueurs.
Chaque joueur possède une tour constituée de 10 cubes emboîtés. La roue ainsi qu'une boîte de cubes sont posés au milieu des joueurs. A tour de rôle chaque joueur fait tourner la flèche et modifie la hauteur de sa tour en fonction des indications inscrites sur la roue.

(Par exemple, si la flèche s'arrête sur [+4], le joueur prend 4 cubes et les rajoute à sa tour.)
Si un joueur a perdu tous ses cubes, il ne peut rejouer que s'il a le signe ⊞.

*But du jeu:* Le gagnant est celui qui a la tour la plus haute à la fin de la partie.

## Variante

### Matériel

- des cubes à emboîter de 4 couleurs différentes;
- des étiquettes avec des nombres de 1 à 5 précédés des signes ⊞ et ⊟.

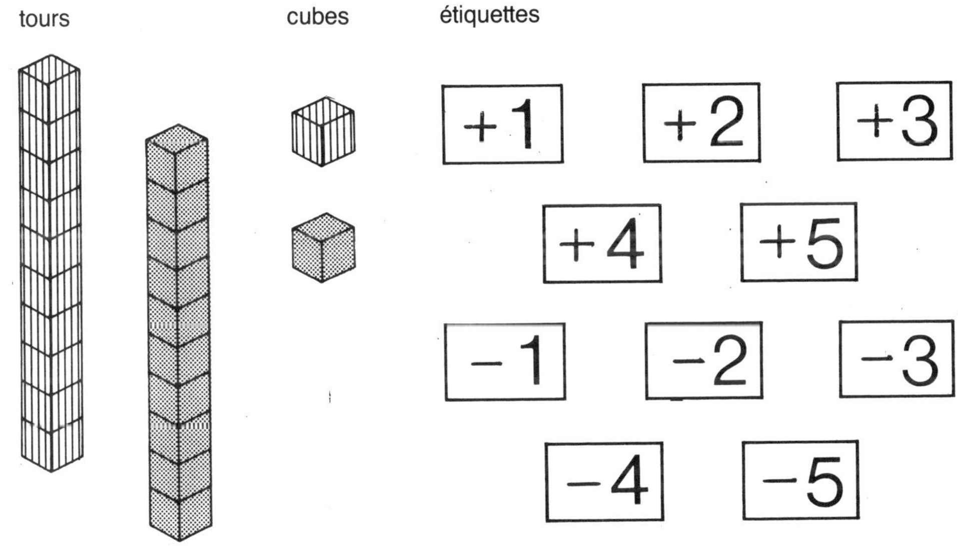


### Déroulement du jeu

*Règle du jeu:* 4 joueurs.
Chaque joueur possède une tour de 10 cubes. Les étiquettes sont mélangées et posées à l'envers. A tour de rôle, chaque joueur retourne une étiquette. Il augmente ou abaisse la hauteur de sa tour en fonction des indications fournies par l'étiquette.
Si toutes les étiquettes ont été retournées, on les mélange à nouveau et le jeu se poursuit.
Si un joueur a perdu tous ses cubes, il ne peut rejouer qu'en tirant une étiquette avec le signe ⊞.

*But du jeu:* Le gagnant est celui qui a la tour la plus haute à la fin de la partie.

# LA RONDE DES HEURES

**Objectifs**

- structuration du temps : familiariser le enfants avec la lecture de l'heure ;
- développement du sens logique : images séquentielles.

**Matériel**

- 1 roue divisée en 12 parties égales avec une flèche mobile au centre. Cette roue matérialise une montre ;
- 4 plaques individuelles découpées en 12 cases horaires correspondant à des activités précises de la journée ;
- 12 images par enfant correspondant aux différentes heures de la journée et aux activités s'y rapportant.

roue

plaque individuelle

| 7h | 8h | 9h | 10h | 11h | 12h | 1h | 2h | 3h | 4h | 5h | 6h |
|---|---|---|---|---|---|---|---|---|---|---|---|
| | | | | | | | | | | | |

images

**Déroulement du jeu**

*Règle du jeu:* 4 joueurs.
Les enfants sont groupés autour de la montre. Chacun a devant lui sa plaque de jeu et ses images.
A tour de rôle, chaque enfant fait tourner la flèche. Il place l'image correspondant à l'activité effectuée à cette heure-là sur la case de sa bande. Si la case a déjà été préalablement complétée, il passe son tour.

*But du jeu:* Reconstituer le premier sur sa bande les activités de la journée.

# □□□□ LA ROUE DES HEURES □□□□

**Objectifs**
- familiariser les enfants avec la lecture de l'heure.

**Matériel**
- 1 roue avec au centre une flèche mobile. Cette roue matérialise une montre ;
- des montres individuelles avec des aiguilles mobiles (une grande et une petite), fixées par une attache parisienne.

roue

montre

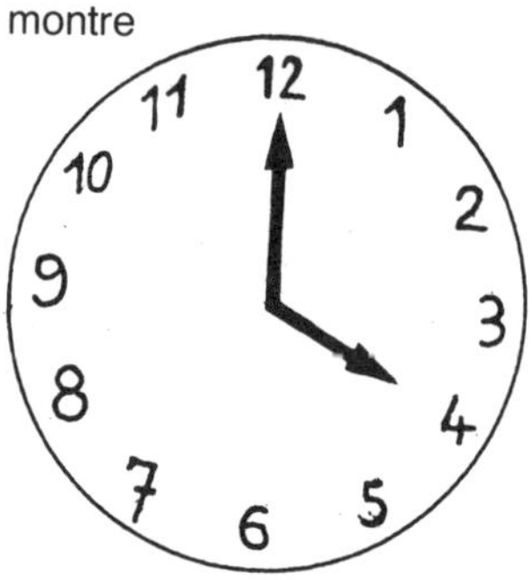


**Déroulement du jeu**

*Règle du jeu :* 2, 3 ou 4 joueurs.
Chaque joueur a une montre. A tour de rôle, il fait tourner la flèche de la roue et place les aiguilles de sa montre comme indiqué par la flèche (on ne considère que les heures pleines).

*But du jeu :* Marquer l'heure indiquée par la flèche de la roue sur sa montre en plaçant les aiguilles au bon endroit.

# ☐ LA RÉPARTITION DES GALETTES ☐

**Objectifs**

– notion de partage ;
– notion d'équivalence et de mesure.

**Matériel**

– 1 plan de jeu sur lequel sont représentées 6 galettes divisées en 2, 3, 4, 5, 6 et 8 parts égales ;
– des figurines représentant les enfants, leur nombre correspond au nombre de parts de galette ;
– des éléments mobiles correspondant aux différents quartiers de galettes et qui permettent de reconstituer chacune d'entre elles.

**Déroulement du jeu**

*Règle du jeu :* 2, 3 ou 4 joueurs.
A tour de rôle, chaque enfant doit faire correspondre les éléments mobiles équivalents pour reconstituer la galette.

*But du jeu :* Reconstituer les galettes à l'aide des éléments mobiles.
*Autocorrection :* il est possible de peindre à l'envers des éléments mobiles de la même couleur que la galette entière correspondante. A la fin du jeu, en retournant les éléments à l'envers, si les couleurs correspondent, il n'y a pas d'erreurs.
*Contrôle :* A la fin du jeu, les enfants peuvent donner une part de galette à chaque figurine : le nombre de parts doit correspondre au nombre de figurines.

éléments mobiles

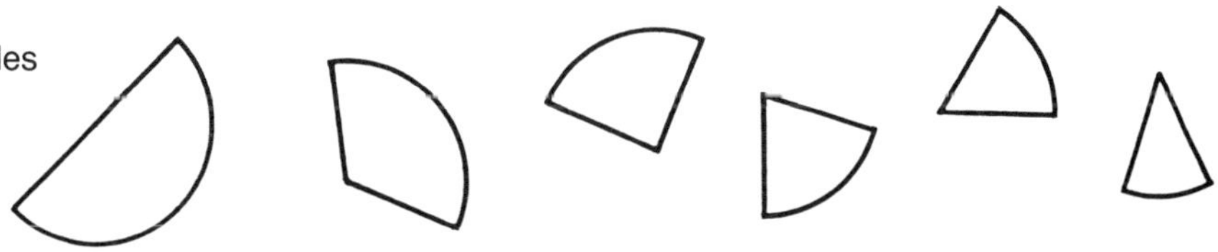

*Remarque :* Ce jeu développe le sens d'observation et de logique. L'enfant doit repérer les éléments identiques et évaluer les dimensions des parts. Il doit établir des comparaisons : plus il y a d'enfants, plus les parts sont petites.

plan de jeu

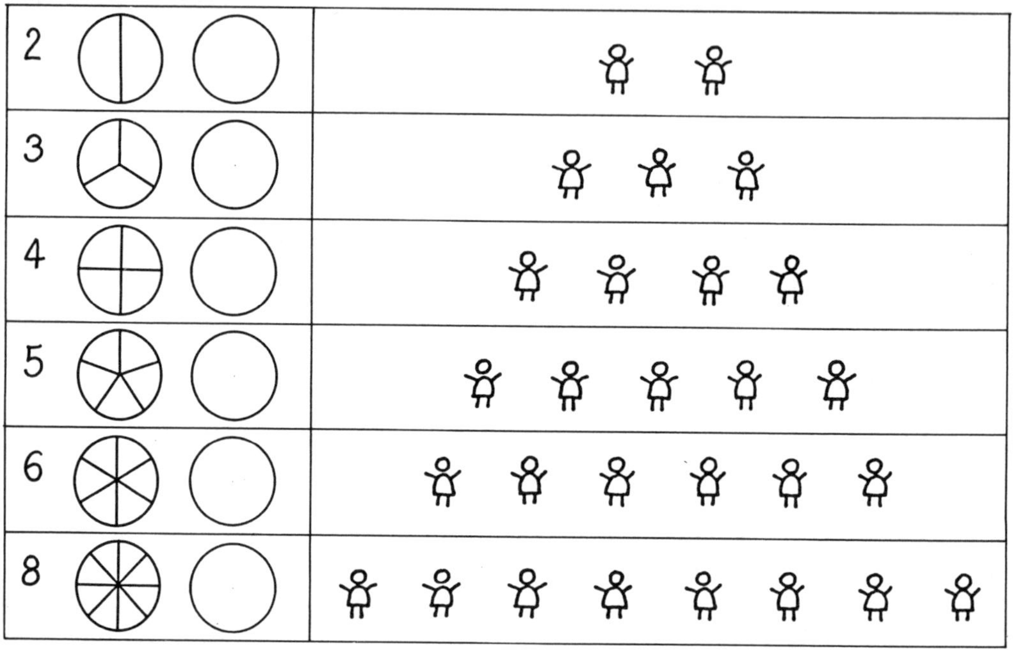


autocorrection

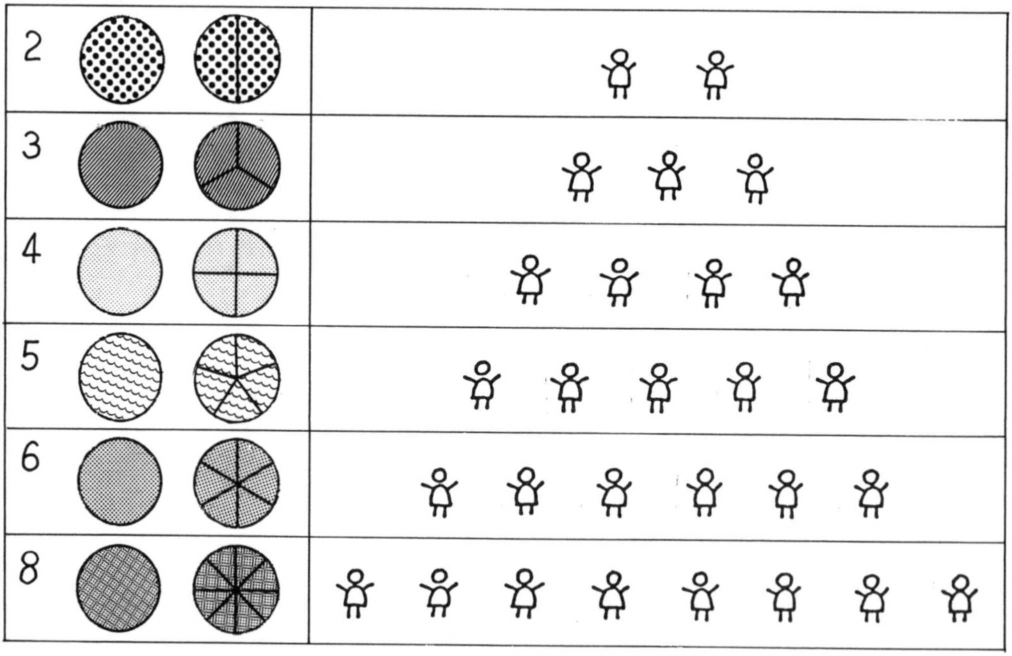

exemple de situation finale

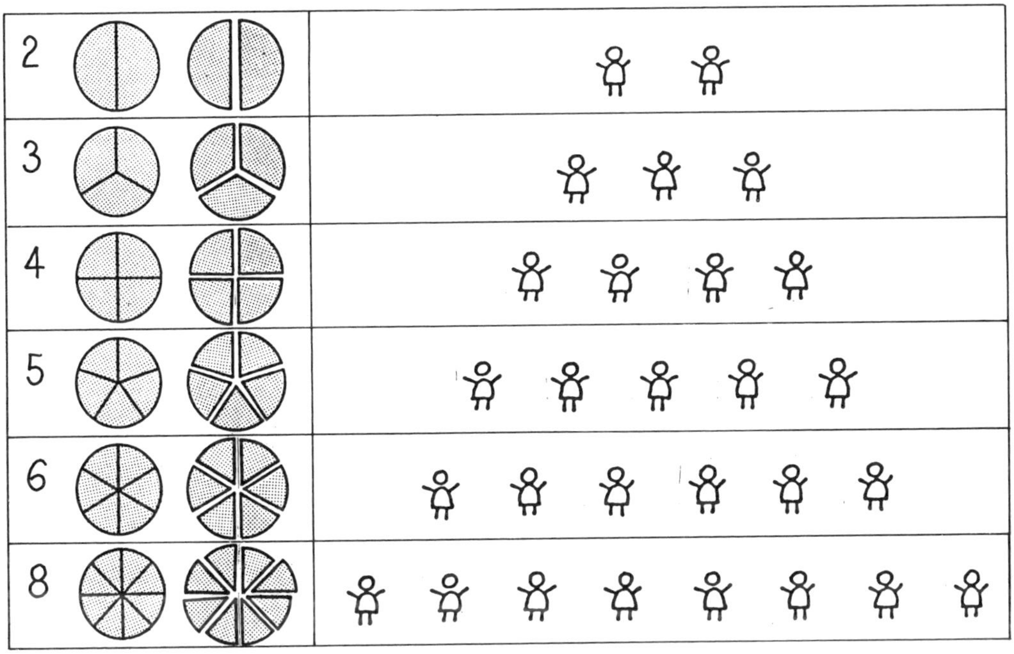


contrôle

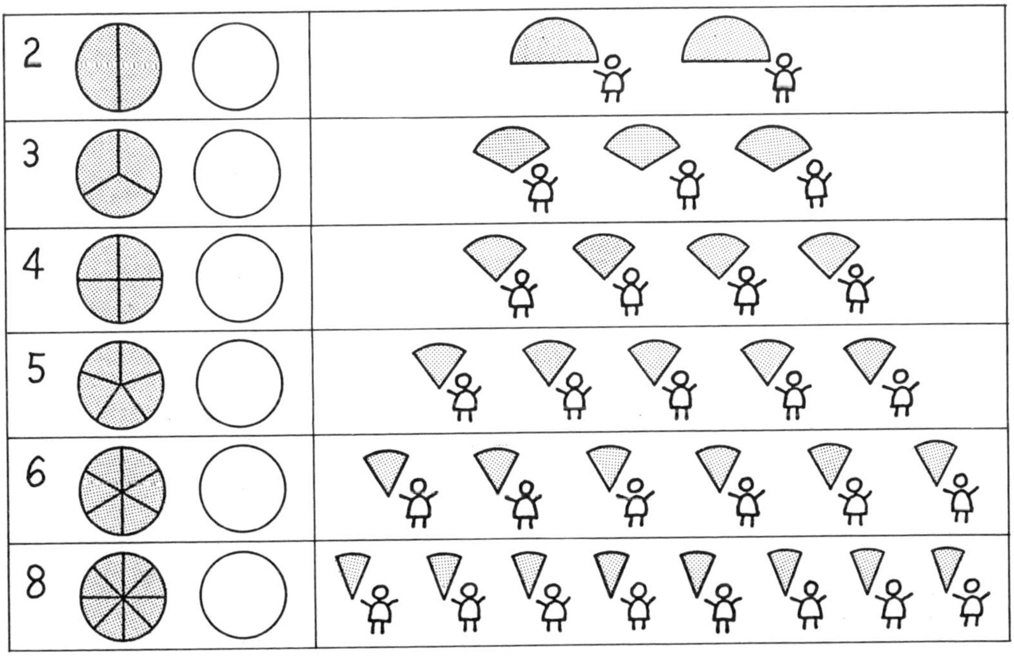

# LES PETITES MAINS

**Objectifs**
- reconnaissance de la main droite et de la main gauche.

**Matériel**
- 1 plan de jeu sur lequel figurent 2 mains droites et 2 mains gauches ;
- 10 jetons bleus et 10 jetons rouges pour matérialiser les ongles ;
- 1 dé avec 3 points bleus et 3 points rouges.

plaque de jeu

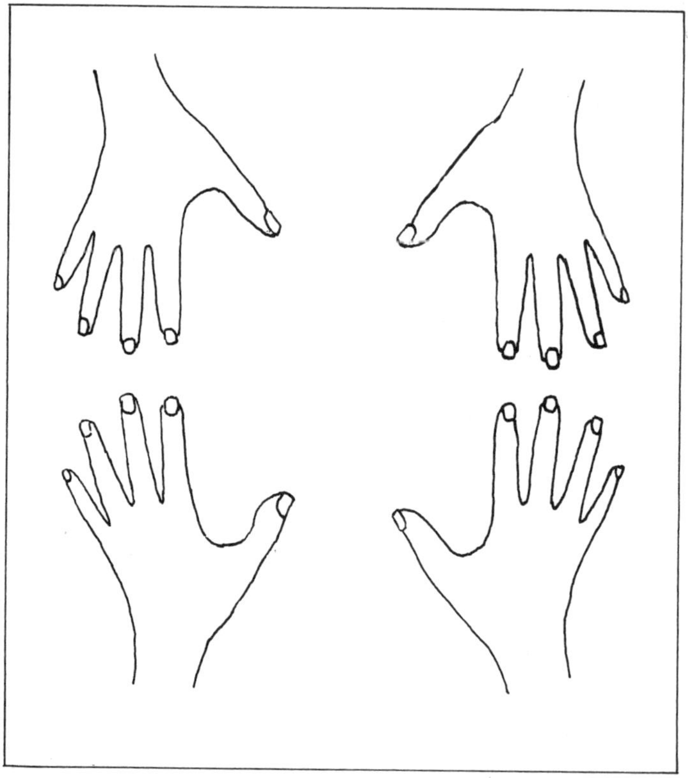

jetons

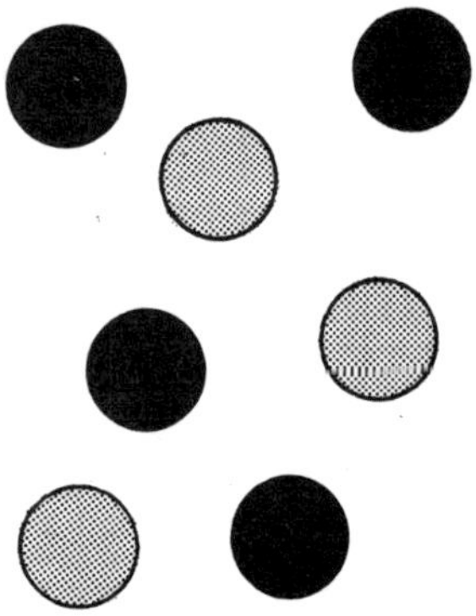

dé

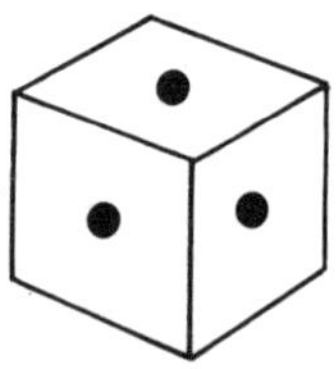

### Déroulement du jeu

*Règle du jeu :* 2 joueurs face à face, de part et d'autre du plan de jeu.
A tour de rôle, chaque joueur lance le dé. S'il se retourne sur un point bleu, il place 1 jeton bleu sur 1 doigt de la main droite. Si le dé indique un point rouge, il prend 1 jeton rouge et décore 1 doigt de la main gauche. Si tous les ongles d'une main sont placés et que le dé se retourne sur la couleur correspondante, le joueur passe son tour.

*But du jeu :* Le premier qui a garni les 2 mains avec les ongles de couleur a gagné.

### Variantes

a) On peut simplifier ce jeu pour les petits en représentant sur le plan de jeu la main droite en bleu et la main gauche en rouge.
On peut également mettre une gourmette rouge sur la main gauche et une gourmette bleue sur la main droite.

b) Pour les plus grands, on peut augmenter la difficulté en demandant aux enfants de nommer les doigts au fur et à mesure qu'ils les décorent (le pouce, l'index, le majeur, l'annulaire, l'auriculaire).

situation finale

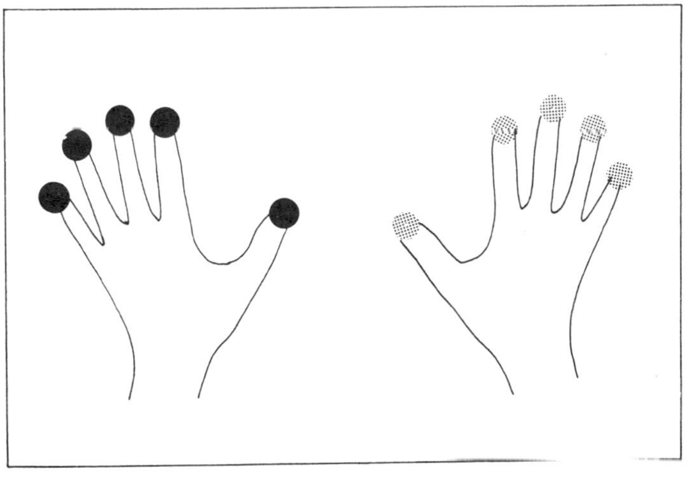

*Remarque :* La présentation du plan de jeu permet aux enfants de prendre conscience de l'inversion de la main gauche et de la main droite lorsqu'on se trouve face à face.

# LA COURSE AUTOMOBILE

**Objectifs**
- notion de direction ;
- repérage sur un circuit, déplacement en fonction d'un cadrage ;
- comptage de 1 à 5.

**Matériel**
- 1 roue avec au centre, une flèche mobile ;
  - des cases comprenant des flèches dans le sens des aiguilles d'une montre ou dans le sens inverse ;
  - sous chaque flèche, un chiffre de 1 à 5 ;
- 4 plaques individuelles sur lesquelles sont représentés des circuits identiques ;
- 4 voitures.

roue

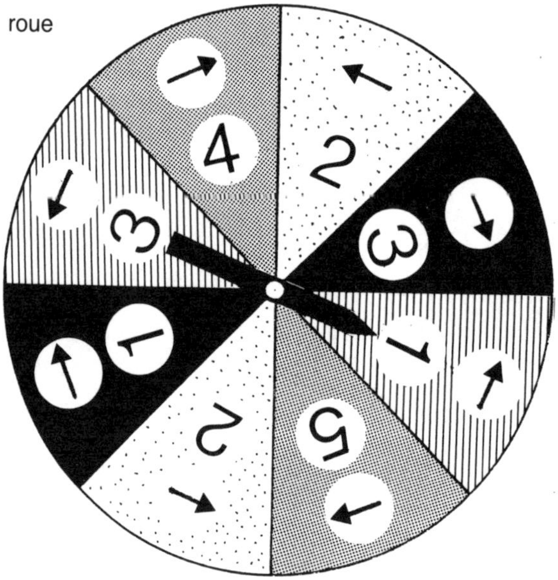

voitures

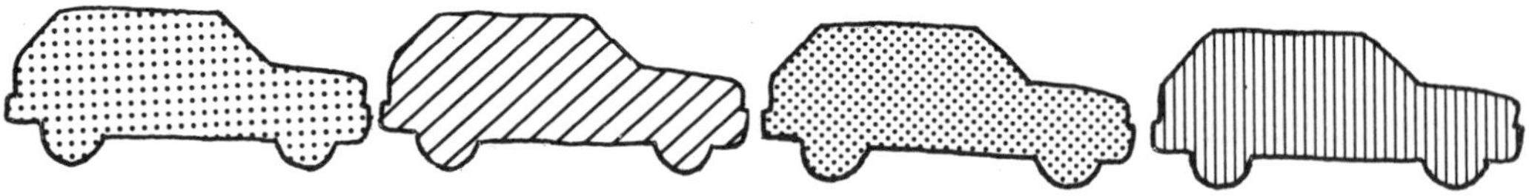

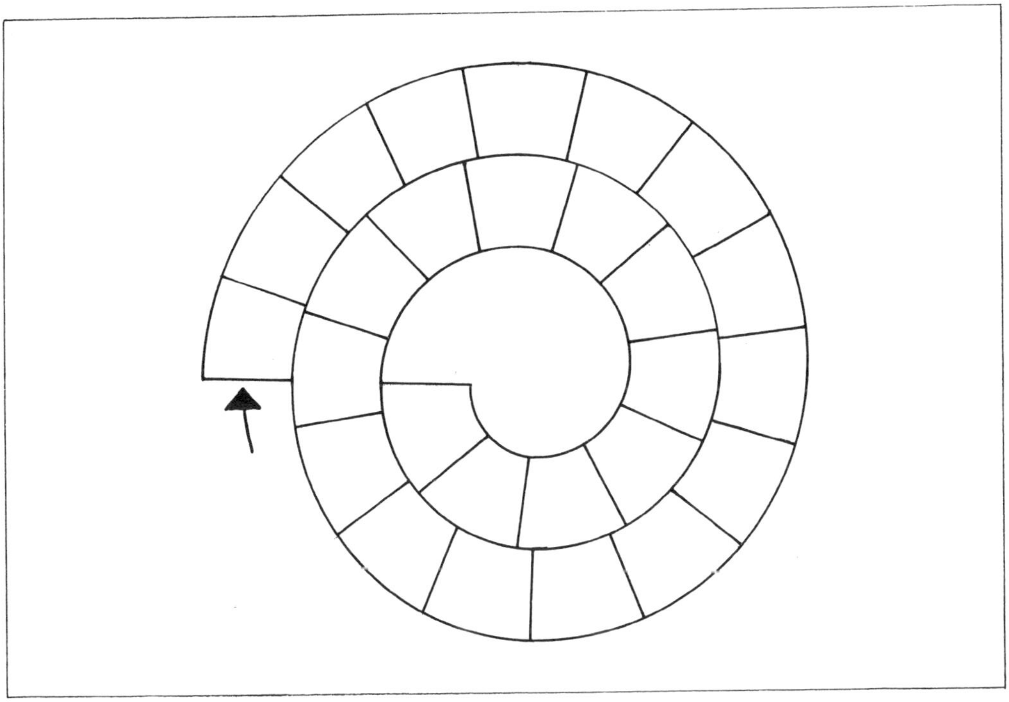

plaque individuelle

**Déroulement du jeu**

*Règle du jeu:* 4 joueurs.
Chaque joueur a un circuit et une voiture. On fait avancer ou reculer sa voiture sur le circuit selon le sens indiqué par la flèche et selon le nombre de cases indiquées par le chiffre.
Si la flèche indique le sens des aiguilles d'une montre, on avance.
Si la flèche indique le sens contraire, on recule.
Au départ, on ne peut jouer que si on «tombe» sur une flèche qui permet d'avancer (sens des aiguilles d'une montre).

*But du jeu:* Celui qui arrive le premier à la fin du circuit a gagné.

*Remarque:* La difficulté réside dans le fait que les flèches sont placées sur une circonférence. L'enfant doit faire la relation entre le sens de la flèche et celui du circuit.

# LES SOURIS ET LES FROMAGES

**Objectifs**

– comptage ; ajouter et retrancher.

**Matériel**

– 1 plan de jeu figurant une table. La table est divisée en 32 cases. Autour de cette table, 10 ronds représentant les maisons des souris ;
– 4 plaques individuelles divisées en 8 cases ;
– 32 fromages et 10 souris en carton ou en pâte à sel ;
– 1 dé avec des constellations de 1 à 3 points ;
– 1 dé avec 2 faces représentant une souris, et 4 faces représentant des fromages.

plan de jeu

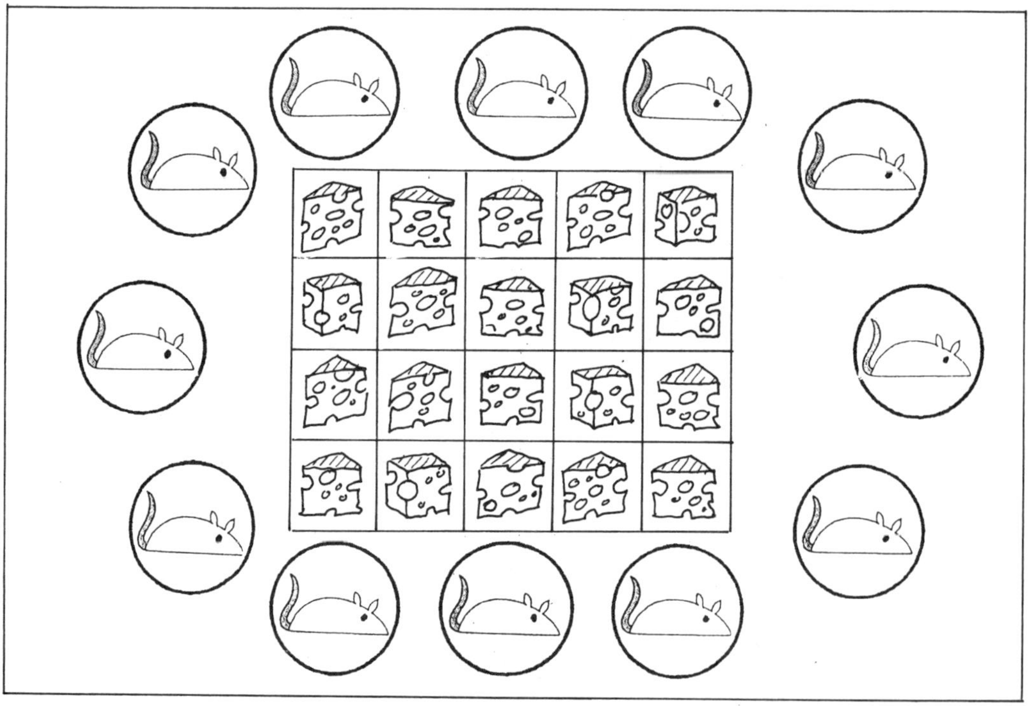

plaque individuelle

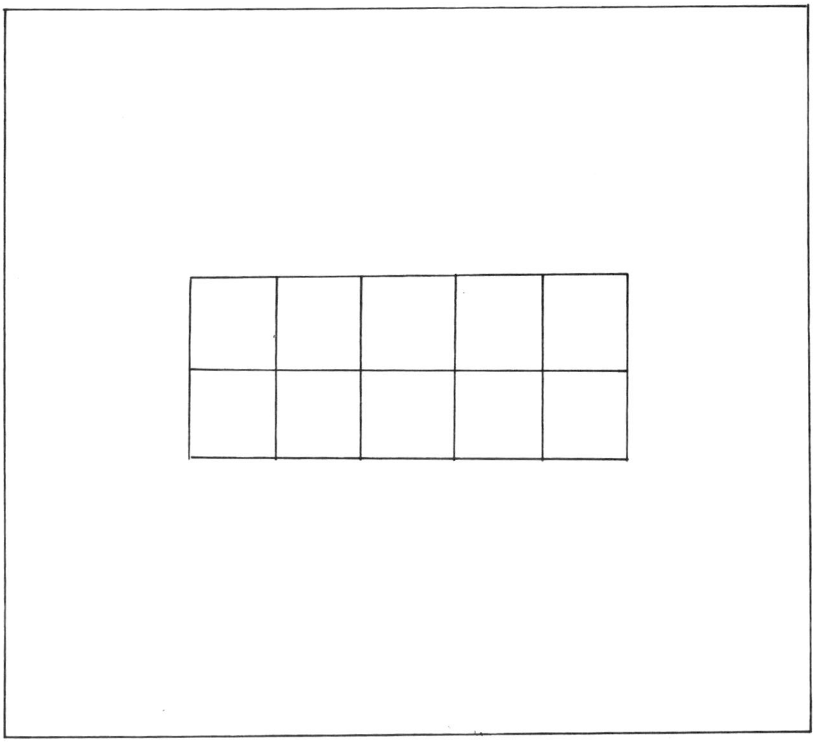

dé

dé

fromage

souris

## Déroulement du jeu

*Règle du jeu:* 4 joueurs.
Les 32 fromages sont disposés sur la table ainsi que les 10 souris dans leurs maisons.
Le premier joueur lance les dés: si le $1^{er}$ dé marque 2 points et le $2^{e}$ dé indique «fromage», il prend 2 fromages sur la table et les pose sur sa plaque.
Le deuxième joueur lance les dés: si le $1^{er}$ dé indique 1 point et le $2^{e}$ dé «souris», la souris mange 1 fromage. Il doit rendre 1 fromage et capture 1 souris.
Le jeu est terminé lorsqu'il n'y a plus de fromages!

*But du jeu:* Celui qui a le plus de fromages sur sa plaque a gagné.

*Remarque:* Ce jeu familiarise l'enfant avec les jeux de société.

# L'AQUARIUM

**Objectifs**
– les directions : approche de la notion de droite/gauche.

**Matériel**
– 4 plaques de jeu individuelles avec un aquarium contenant des silhouettes de poissons nageant vers la gauche ou vers la droite ;
– des poissons en carton de 3 couleurs différentes ;
– 1 dé avec les codes [d] (droite) et [g] (gauche) ;
(Si les enfants ne connaissent pas les lettres, il est possible d'utiliser des symboles ou des couleurs.)
– 1 dé avec les 3 couleurs des poissons.

dés

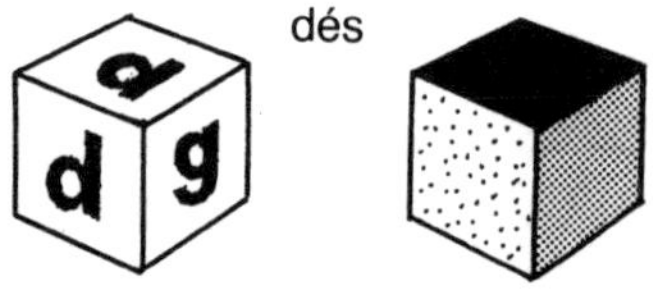


poissons

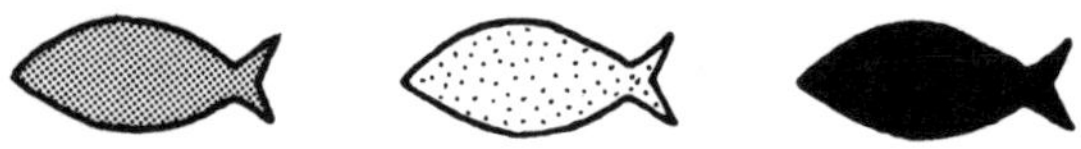

plaque de jeu

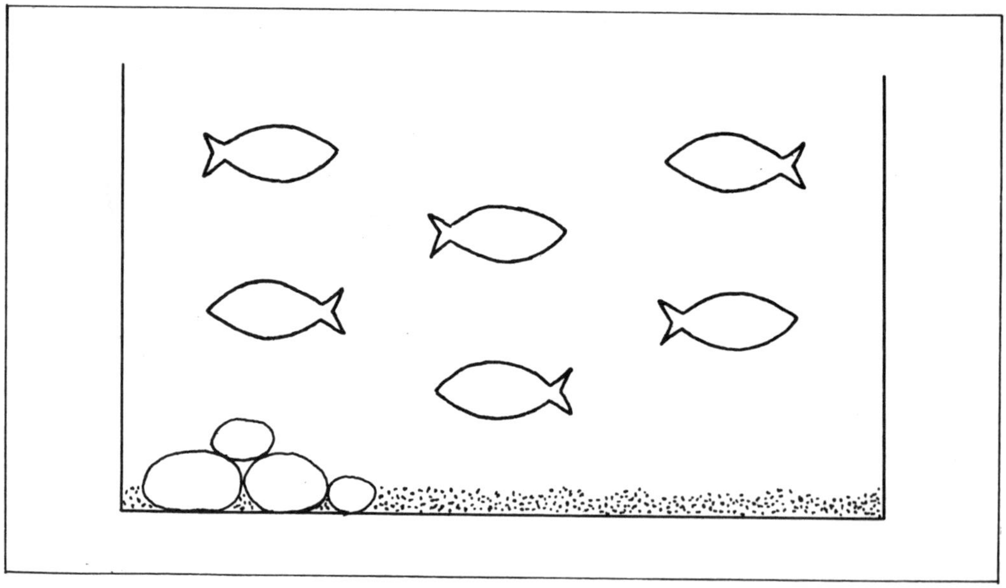

## Déroulement du jeu

*Règle du jeu :* 4 joueurs.
A tour de rôle, chaque joueur lance les 2 dés. Il prend le poisson répondant aux indications fournies par les dés et le pose sur la silhouette correspondante de son aquarium. Si, par exemple, le dé des directions indique [d] et que l'aquarium ne contient plus de silhouettes nageant vers la droite, le joueur passe son tour.

*But du jeu :* Le premier qui a rempli sa plaque a gagné.

exemple de situation finale

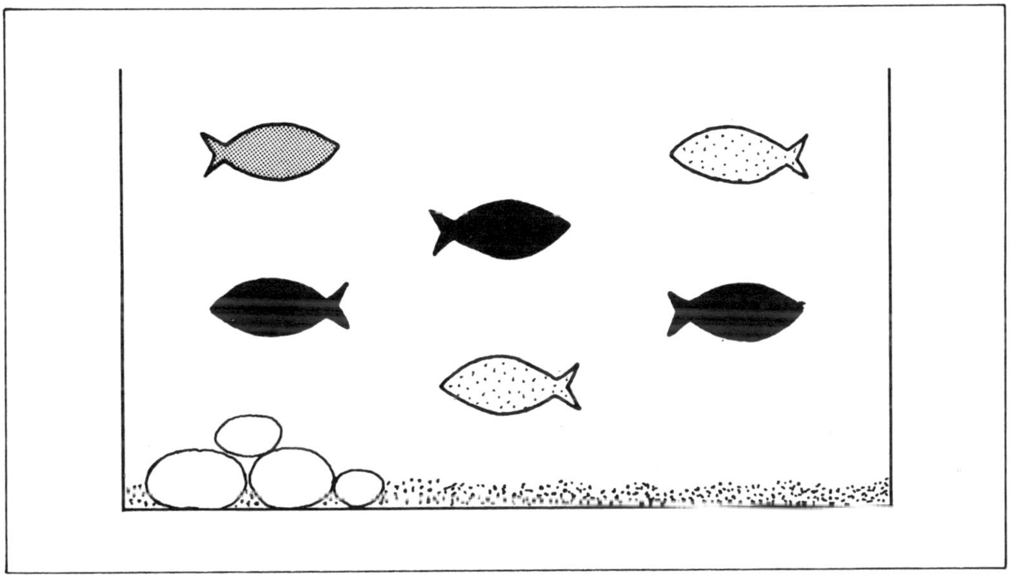

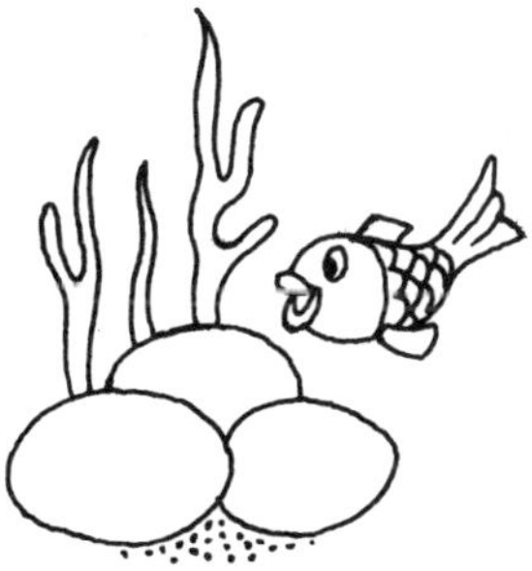

# LE JEU DE KIM

## Objectifs

– repérage sur un plan ;
– mémorisation des notions : en haut, en bas, au milieu ;
– expression orale : « la première », « la deuxième », etc. ;
– développement de l'attention et de la mémoire.

## Matériel

– 1 plan de jeu représentant une maison avec 9 fenêtres dont on peut ouvrir et fermer les volets (la cheminée est située à droite afin de servir de repère aux enfants ayant des difficultés de repérage) ;
– 9 images de dimensions égales aux fenêtres.

plan de jeu : situation de départ

## Déroulement du jeu

*Règle du jeu:* 2 à 6 joueurs dont 1 animateur (enfant sachant parfaitement repérer l'emplacement des fenêtres).
L'animateur place les images dans les fenêtres de la maison. Les volets sont ouverts. Les joueurs observent bien l'emplacement des images dans les fenêtres pendant 1 ou 2 minutes. L'animateur ferme les volets. A tour de rôle, chaque enfant doit situer oralement l'emplacement d'une image.
*Exemple:* «la poupée est dans la 2e fenêtre en haut».
L'animateur ouvre à chaque fois les volets de la fenêtre correspondante pour vérifier chaque affirmation.
Si la réponse est exacte, il donne l'image à l'enfant.
Si la réponse est inexacte, l'animateur referme les volets et passe au joueur suivant.

*But du jeu:* L'enfant qui a le plus d'images à la fin de la partie a gagné.

## Variante

Pour simplifier, il est possible de:
- diminuer le nombre de fenêtres;
- peindre les volets de chaque étage d'une couleur différente si les enfants ont des difficultés de repérage;
- numéroter les fenêtres si les enfants reconnaissent les chiffres.

## Variante de la règle du jeu

Un seul joueur essaye de retrouver le plus possible d'images. L'animateur change les images de place pour le joueur suivant.

*Remarque:* Pour pouvoir ouvrir et fermer les volets: prendre 2 grandes feuilles de même taille. Coller une feuille sur l'autre après avoir découpé les volets sur la feuille du dessus.

# LA ROUTE DES OBJETS

**Objectifs**
– comptage ;
– approche de la notion d'achat, de prix.

**Matériel**
– 1 plan de jeu figurant un circuit divisé en 12 cases. Sur la voie intérieure, des cartes représentant des objets, sur la voie extérieure, les prix correspondant aux objets ;
– 1 dé avec des constellations de 1 à 3 points ;
– des voitures (ou jetons) de différentes couleurs ;
– des pièces de monnaie.

plan de jeu

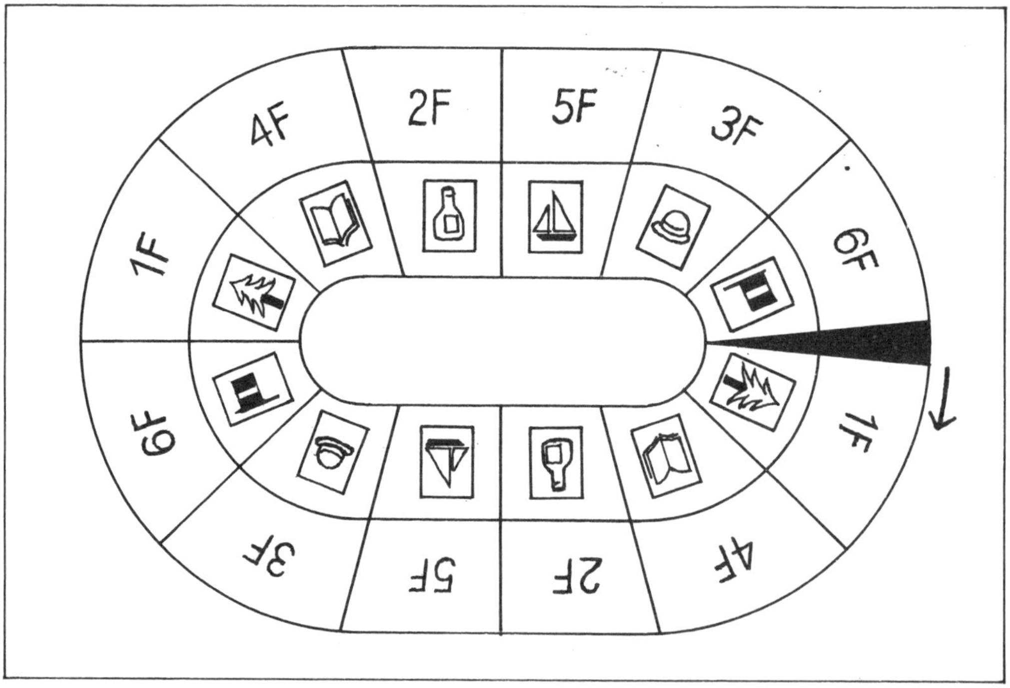

pièces de monnaie 

dé

voitures

## Déroulement du jeu

*Règle du jeu :* 2, 3 ou 4 joueurs.
Chaque joueur a une voiture. A tour de rôle, chacun lance le dé et avance sa voiture du nombre de cases indiqué par le dé. Il est possible d'acheter l'objet figurant sur la case en le remplaçant par des pièces dont la somme correspond à son prix.
Le jeu est terminé quand tous les objets sont achetés.

*But du jeu :* Celui qui a le plus d'objets à la fin de la partie a gagné.

exemple de situation finale

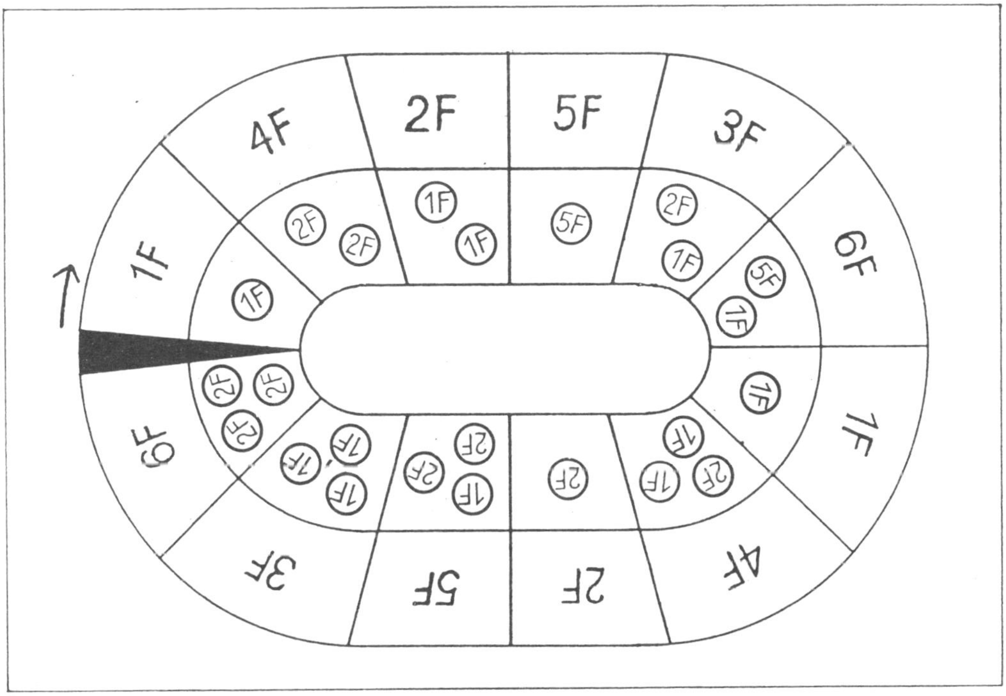

# LES COUVERTS

**Objectifs**

- latéralité : notions de droite/gauche ;
- prise de conscience de l'inversion de la droite et de la gauche quand on se trouve face à face.

**Matériel**

- 2 plaques individuelles représentant des tables avec 4 assiettes de chaque côté de la table ;
- des couverts empruntés à une dînette (fourchettes et couteaux, cuillères éventuellement) ;
- 1 dé avec 3 points rouges (droite) et 3 points bleus (gauche). Si les enfants connaissent les lettres, on peut utiliser [d] et [g] à la place des points.

plaque de jeu

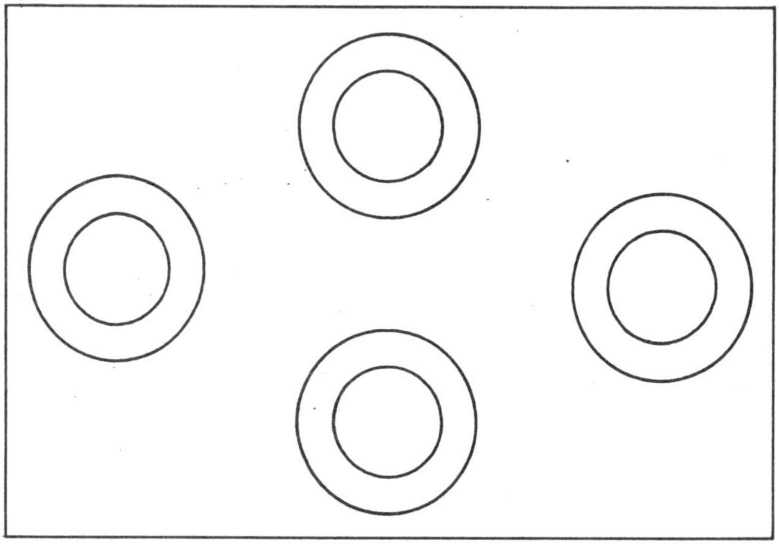

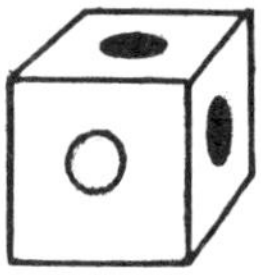

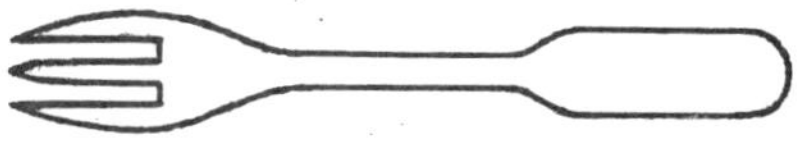

### Déroulement du jeu

*Règle du jeu:* 2 joueurs.
A tour de rôle, chaque joueur lance le dé. Il doit disposer les couverts à leur place respective par rapport à l'assiette (couteau et cuillère à droite, fourchette à gauche).

*But du jeu:* Le premier qui a terminé de mettre correctement les couverts sur sa table a gagné.

exemple de situation finale

*Remarque:* Ce jeu développe l'esprit de raisonnement et de logique. Les enfants abordent la notion de «droite» et «gauche» par la manipulation.

# LES POISSONS

**Objectifs**
- notion de direction : (en haut, en bas, à gauche, à droite).

**Matériel**
- 1 plan de jeu sur lequel sont dessinés des poissons de 4 couleurs différentes et qui « nagent » dans 4 directions : vers le haut, vers le bas, vers la droite, vers la gauche ;
- des vignettes en formes de poissons. A chaque poisson représenté sur le plan de jeu correspond une vignette de même couleur ;
- des bandes codées indiquant la couleur et la direction des poissons.

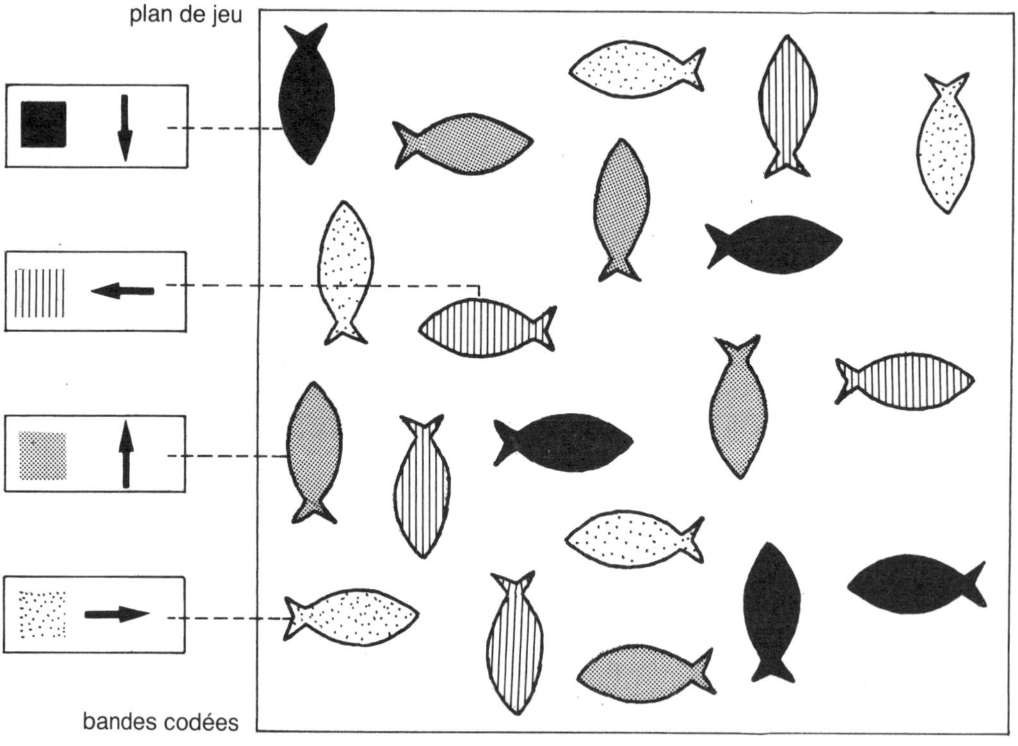

vignettes

## Déroulement du jeu

*Règle du jeu:* 2, 3 ou 4 joueurs.
Les joueurs sont placés en face du plan de jeu, tous du même côté. Chacun à son tour retourne une bande codée. Il choisit un poisson et le place sur le plan de jeu en respectant la couleur et la direction indiqués par la bande codée.

*But du jeu:* Compléter collectivement le plan de jeu.

*Remarque:* Ce jeu développe le pouvoir d'attention des enfants qui doivent prendre en considération 2 critères: la couleur et la direction.

# □□□ LA LOTERIE DES JOUETS □□□

**Objectifs**

- comptage de 1 à 5 ;
- approche de la notion de prix.

**Matériel**

- 1 roue divisée en 12 parties égales sur lesquelles sont dessinées des pièces de 1 à 5 F. 3 cases sont hachurées ;
- des images représentant des jouets. Sur chaque image figure le prix du jouet.

roue

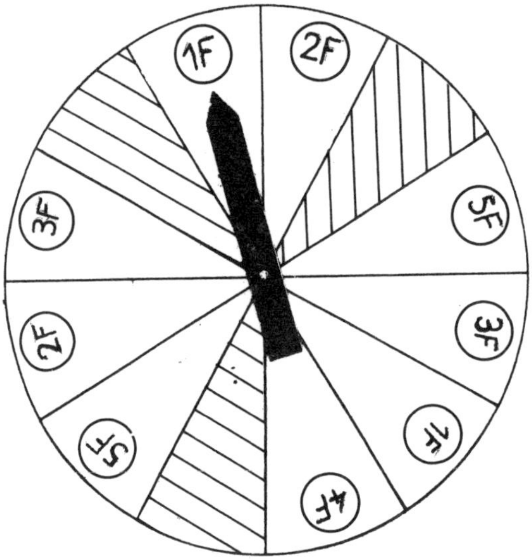


images

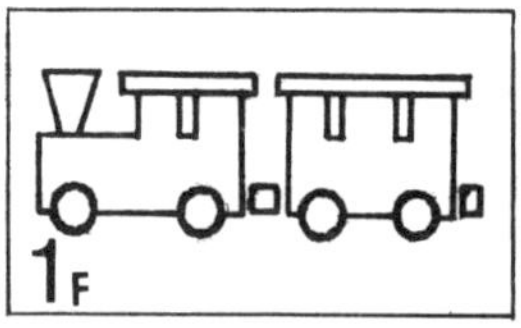


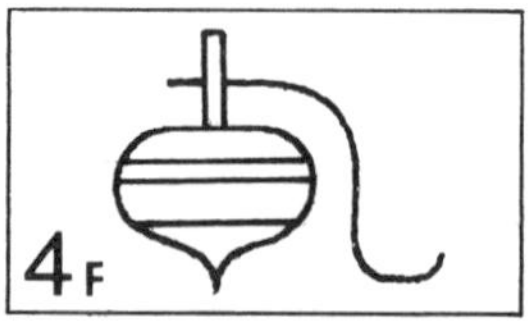

**Déroulement du jeu**

*Règle du jeu:* 4 joueurs.
À tour de rôle, chaque joueur fait tourner la flèche. Il récupère l'image correspondant au prix indiqué par la position de la flèche.
Si la flèche s'arrête sur la partie hachurée, il passe son tour.

*But du jeu:* Celui qui a le plus de jouets à la fin de la partie a gagné.

## Variante

Il est possible de remplacer les jouets par des pièces d'argent;

soit:

soit:

Le joueur gagne autant d'argent que le nombre indiqué par la flèche. Si la flèche s'arrête sur la partie hachurée, il ne gagne rien.
Celui qui a le plus d'argent à la fin de la partie a gagné!

# A LA FENÊTRE

**Objectifs**
- repérage sur un plan ;
- expression orale/vocabulaire : « premier étage », « rez-de-chaussée », etc. ;
- mémorisation des notions : en haut, en bas, au milieu, à droite.

**Matériel**
- 1 plan de jeu représentant une maison avec 9 fenêtres dont on peut ouvrir et fermer les volets (la cheminée est située à droite afin d'aider les enfants ayant des difficultés de repérage) ;
- 5 images représentant des personnages.

plan de jeu

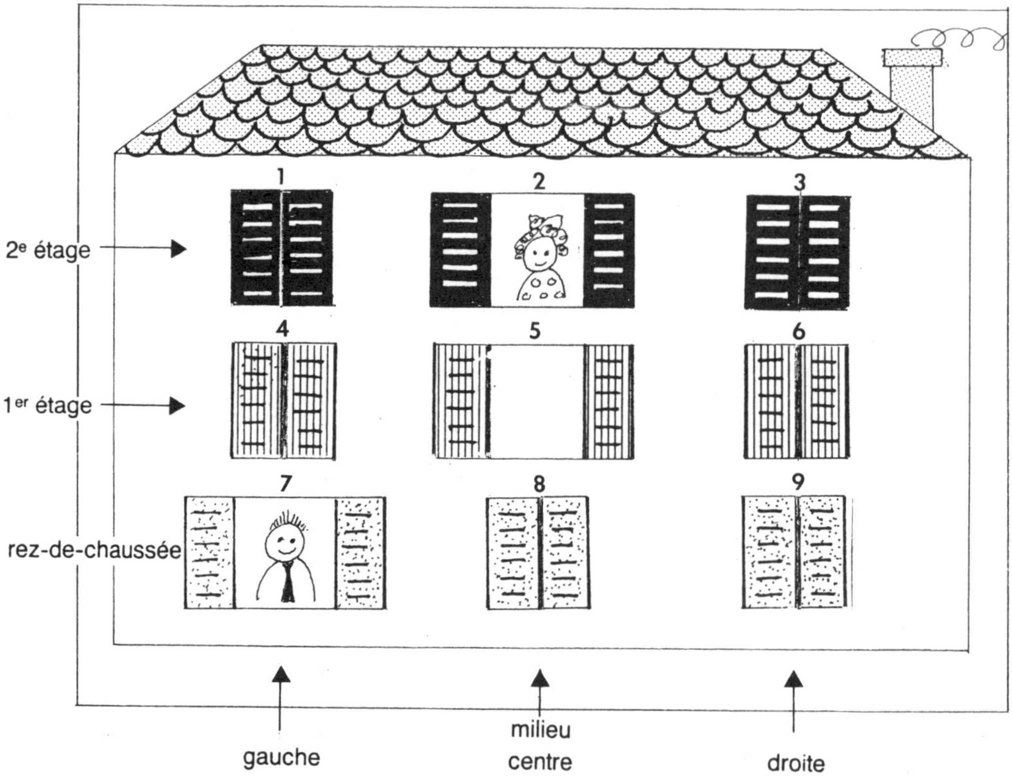

personnages 

## Déroulement du jeu

*Règle du jeu:* 4 joueurs et un animateur (enfant sachant parfaitement repérer l'emplacement des fenêtres).
A l'insu des enfants, l'animateur place 5 images aux 5 fenêtres de son choix, puis ferme les volets.
A tour de rôle, chaque enfant doit deviner dans quelle fenêtre se situe chaque bonhomme. Il n'a pas le droit de montrer la fenêtre du doigt, il doit la situer oralement, clairement, et dans des termes précis (exemple: «la fenêtre du milieu du 2e étage»). L'animateur repère la fenêtre correspondante, ouvre les volets. S'il n'y a rien, le joueur a perdu. S'il y a un personnage, il a gagné.
La partie est terminée quand il n'y a plus de personnages et que toutes les fenêtres sont ouvertes.

*But du jeu:* Celui qui a le plus de personnages à la fin de la partie a gagné.

## Variante

### Matériel

- même plan de jeu; les fenêtres sont vides et les volets sont fermés;
- 9 images.

### Déroulement du jeu

*Règle du jeu:* 3 joueurs et un animateur.
Chaque enfant possède 3 images.
L'animateur décrit oralement l'emplacement d'une fenêtre. A tour de rôle, chaque joueur doit repérer la fenêtre, et ouvrir les volets pour y déposer son image.
La partie est terminée quand toutes les fenêtres sont ouvertes, chacune ayant son personnage.

*Remarque:* Pour pouvoir ouvrir et fermer les volets: prendre 2 grandes feuilles de même taille. Coller une feuille sur l'autre après avoir découpé les volets sur la feuille du dessus.

# LE JEU DES SIX FRANCS

**Objectifs**
- étude du nombre 6 et des combinaisons possibles pour totaliser une même somme.

**Matériel**
- 1 plan de jeu ;
- des pièces de monnaie de (1F) ;
- des images représentant des jouets dont le prix varie de (1F) à (6F).

plan de jeu

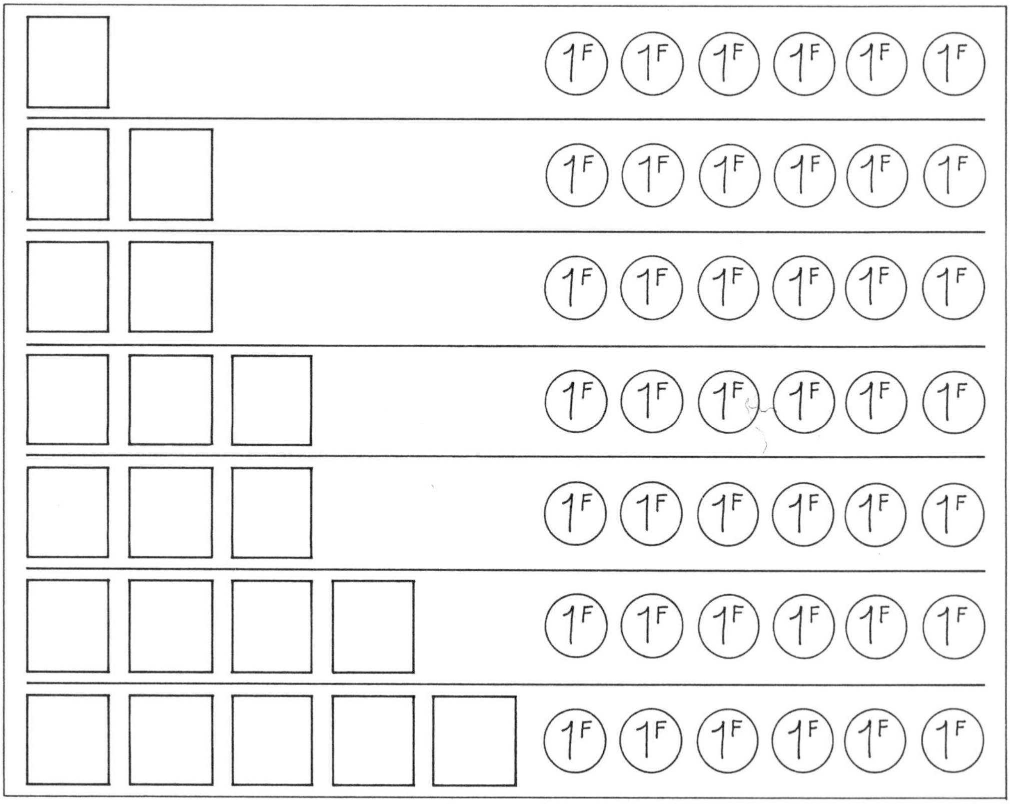

pièces de monnaie

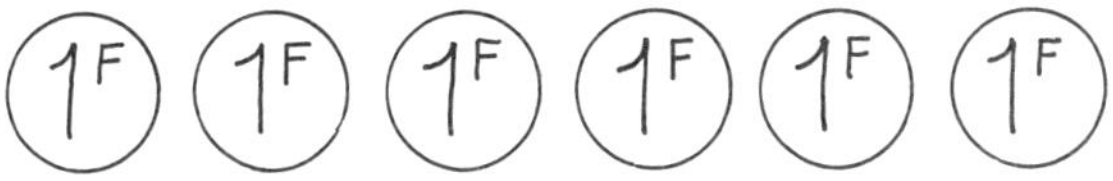


images

**Déroulement du jeu**

*Règle du jeu:* 2, 3 ou 4 enfants.
Chaque enfant a six pièces de  .
A tour de rôle, chacun place la totalité de ses pièces sur le plan de jeu et doit déterminer, en fonction du nombre d'images indiqué sur le plan, la bonne combinaison pour acheter des jouets.

*But du jeu:* Trouver toutes les possibilités de combinaisons pour acheter des jouets avec la même somme.

exemple de situation finale

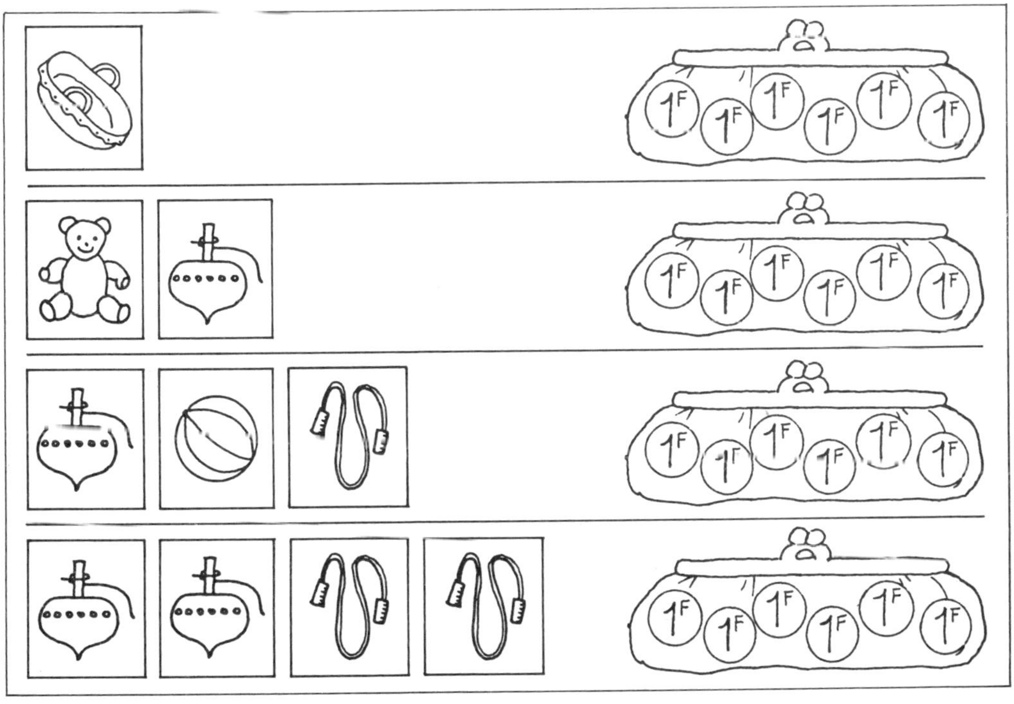

# ☐☐☐ LA FAMILLE DES JOUETS ☐☐☐

**Objectifs**

- familiarisation avec les pièces de monnaie ;
- mémorisation des nombres de 1 à 6 ;
- comptage.

**Matériel**

- 6 plaques de jeu individuelles divisées en 6 parties ;
- des images représentant des jouets : 3 cordes à sauter, 3 toupies, 3 ballons, 3 ours, 3 poupées, 3 paniers ;
- 3 porte-monnaie ;
- des pièces de monnaie de 1f

plaque de jeu

porte-monnaie

pièces de monnaie

images

**Déroulement du jeu**

*Règle du jeu:* 6 joueurs.
Les joueurs se répartissent en 3 vendeurs et 3 acheteurs.
Les vendeurs disposent 6 images différentes sur leur plaque. Les acheteurs ont le porte-monnaie et les pièces.
A tour de rôle, chaque acheteur achète un jouet au vendeur de son choix.
Pour l'obtenir il doit lui donner la somme que le vendeur demande.
Le vendeur place les pièces à la place du jouet et donne le jouet à l'acheteur qui le place sur sa plaque.
A la fin de la partie, les acheteurs ont garni leur plaque avec la famille de jouets et les vendeurs ont remplacé les jouets par les pièces correspondant au prix de chaque jouet vendu.

*But du jeu:* Le premier acheteur qui a complété sa plaque a gagné.

*Remarque:* Ce jeu incite les enfants à faire preuve de déduction puisqu'ils doivent trouver l'élément manquant à la famille. De plus, il favorise la sociabilisation et l'expression orale.

*Autocorrection:* A la fin du jeu, on peut vérifier que les pièces de monnaie correspondent aux prix des jouets.

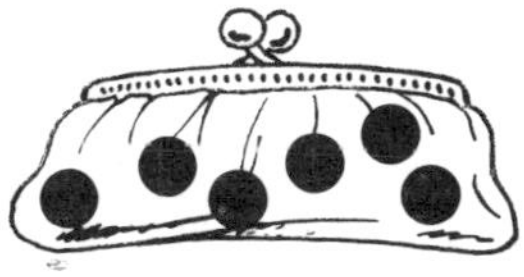

# LE CODE DE LA ROUTE

**Objectifs**

- déchiffrage d'un code ;
- reconnaissance et compréhension de la signification des panneaux de signalisation routière.

**Matériel**

- 1 plan de jeu avec une route. Dans certaines cases sont dessinés des panneaux ou des flèches ;
- des voitures de couleurs différentes pour chaque joueur ;
- 1 dé avec des constellations de 1 à 3 points.

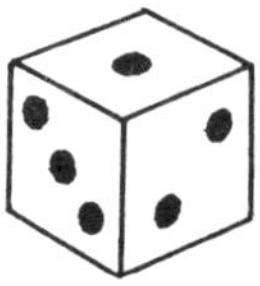

dé

plan de jeu

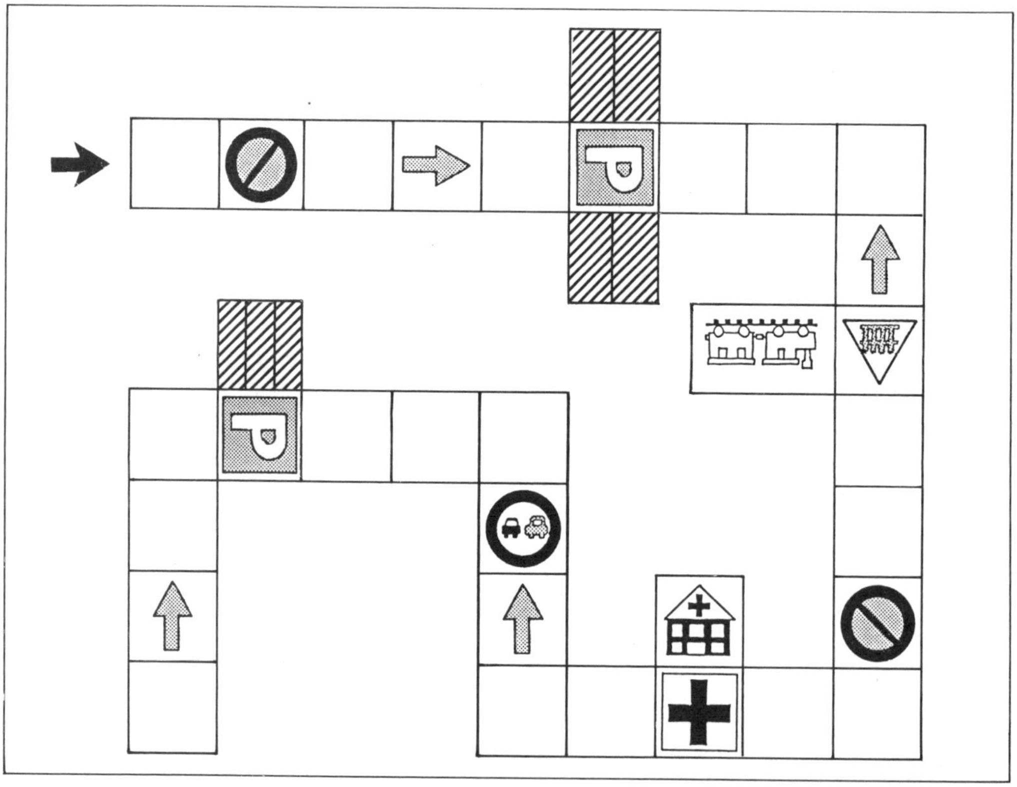

## Déroulement du jeu

*Règle du jeu:* 4 joueurs.
A tour de rôle, chaque joueur lance le dé et fait avancer sa voiture du nombre de cases indiquées par le dé.

*But du jeu:* Le premier arrivé à la fin du parcours a gagné.

signification des panneaux:

Une flèche: L'enfant avance encore une fois d'un nombre de cases équivalent au nombre de points de son dé.

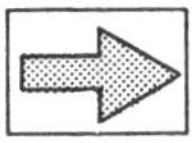

Une flèche: L'enfant recule encore une fois d'un nombre de cases équivalent au nombre de points de son dé.

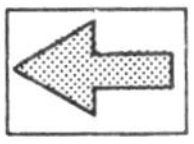

Le parking: L'enfant gare sa voiture sur le parking et passe un tour.

Le passage à niveau: L'enfant passe un tour, le temps de laisser passer le train.

Stationnement interdit: Il est interdit de stationner dans cette case. Si l'enfant s'est arrêté dans la case précédant ce panneau et si son dé indique 1 point, il doit rejouer jusqu'à ce que son dé indique 2 ou 3 points. A ce moment-là, il peut faire avancer sa voiture.

Dépassement interdit: L'enfant ne peut faire avancer sa voiture que s'il n'y a pas dans les cases suivantes d'autres voitures qu'il serait obligé de dépasser en avançant.
Si c'est le cas, il doit passer un tour et attendre que la voiture devant lui ait avancé.

L'hôpital: L'automobiliste a eu un accident. Il séjourne à l'hôpital jusqu'à ce qu'une autre voiture s'arrête dans cette case et vienne le délivrer.

# PLUS-MOINS

**Objectifs**

- comtage de 1 à 5 ;
- comparaison entre 2 ensembles : notions de « plus grand que » et « moins grand que » ;
- étude et compréhension des signes distinctifs < >.

**Matériel**

- autant de plaques individuelles que de joueurs. Sur chaque plaque sont dessinés des ensembles d'éléments de quantités différentes ;
- 6 vignettes mobiles par plaque avec les signes < et >.

plaque de jeu

vignettes mobiles

plus petit que — plus grand que

### Déroulement du jeu

*Règle du jeu:* 2, 3 ou 4 joueurs.
Chacun joue à tour de rôle.
Les vignettes sont retournées sur le tapis de façon à ce qu'on les voie.
Chaque joueur doit placer ses vignettes de façon à établir des comparaisons entre les éléments.

exemple

*But du jeu:* L'enfant doit expliquer oralement le rapport entre les 2 ensembles: «il y a plus de ... il y a moins de ...».

### Variante

A l'inverse, chaque joueur doit placer des éléments par rapport aux signes ⊳ et ⊲.

### Matériel

- 1 plan de jeu sur lequel sont dessinés les signes ⊳ et ⊲;
- 1 boîte d'éléments de formes et de couleurs diverses (blocs logiques).

*Règle du jeu:* A l'inverse du jeu précédent, l'enfant doit placer des éléments de part et d'autre du signe de manière exacte, en respectant les notions de «plus» et «moins».

exemple

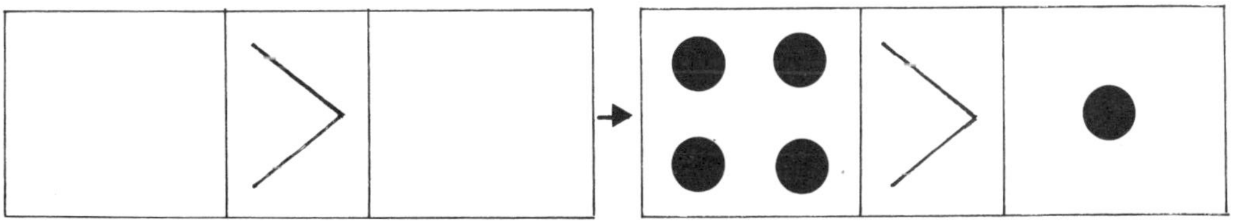

*Remarque:* Ce jeu favorise l'expression orale.

# LES ROUTES

**— réglettes —**

## Objectifs

- structuration de l'espace, pavage d'un parcours ;
- approche de la mesure : relation entre les nombres et la longueur des bâtonnets ;
- comptage.

## Matériel

- plaques de jeu individuelles figurant une route ;
- 1 jeu de bâtonnets (réglettes) de 1 à 6 ;
- 1 dé avec des constellations de 1 à 6 points.

dé

bâtonnets

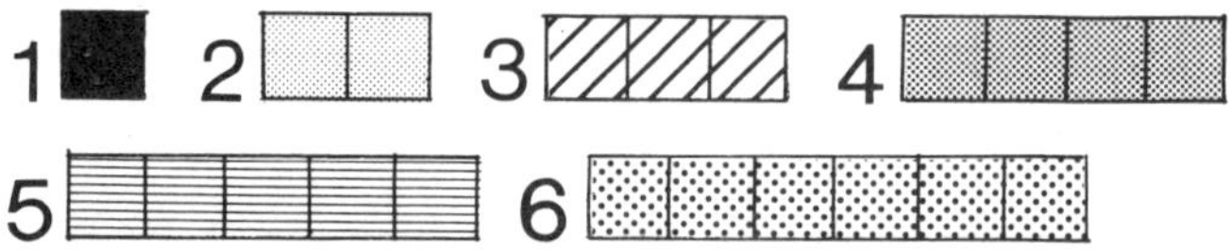


## Déroulement du jeu

*Règle du jeu :* 2, 3 ou 4 joueurs.
A tour de rôle, chaque joueur lance le dé. Il choisit le bâtonnet correspondant au chiffre indiqué et le place sur sa route. A l'approche d'un virage, il faut faire un nombre de points égal ou inférieur au nombre de cases qui restent à compléter.

*But du jeu :* Le premier qui a complété sa route a gagné.

plaque de jeu

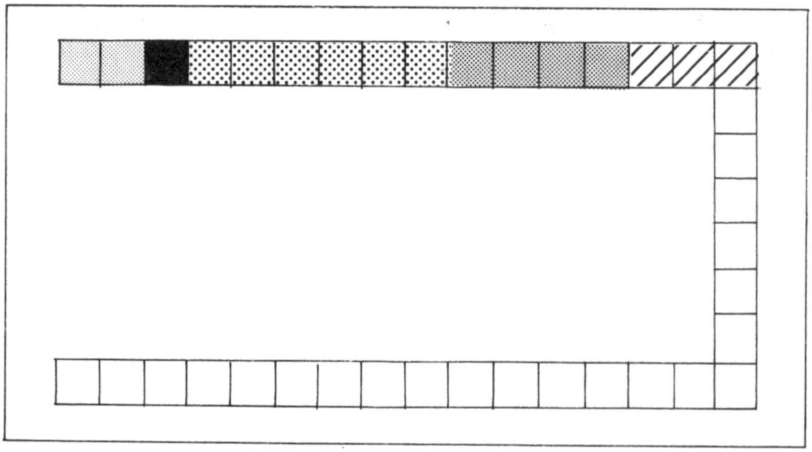

*Remarque :* Ce jeu permet l'observation et l'évaluation des longueurs. Le caractère répétitif du jeu permet aux enfants d'identifier tous les bâtonnets et de savoir à quelle longueur correspond chacun d'eux.

## Variante

### Objectifs

- développer le sens de la stratégie ;
- laisser à l'enfant une certaine autonomie ;
- comptage de 1 à 10 ;
- approche de la notion d'addition.

### Matériel

- plaques de jeu individuelles figurant une route, 2 fois plus longue que les précédentes ;
- 1 jeu de bâtonnets (réglettes) de 1 à 10 ;
- 2 dés avec des constellations de 1 à 6 points.

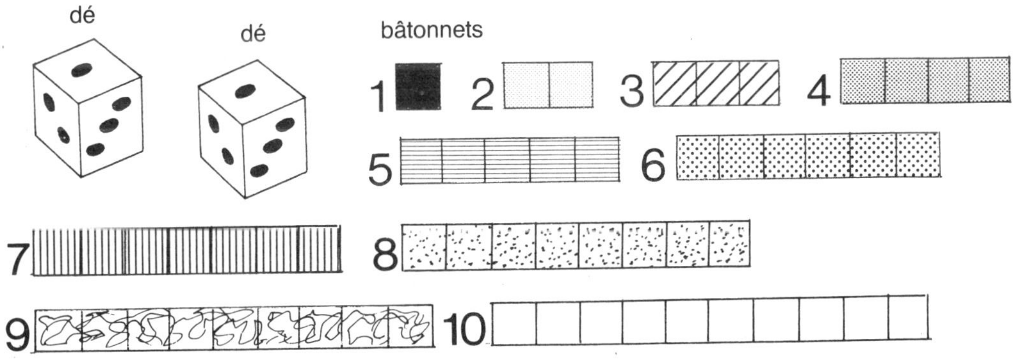


### Déroulement du jeu

*Règle du jeu :* 2, 3 ou 4 joueurs.
A tour de rôle, chaque joueur lance les dés. Il totalise les points et choisit le bâtonnet correspondant afin de le placer sur sa route.
Si le total des points est de 11 ou 12 il passe son tour car il n'y a pas de bâtonnet qui corresponde à cette longueur.
A l'approche d'un virage, l'enfant doit opérer un choix. Il est souhaitable qu'il découvre par lui-même en tâtonnant à quel moment il a intérêt à ne jouer qu'avec un seul dé afin d'avancer lentement mais sûrement, plutôt que de prendre les 2 dés, d'avoir beaucoup de points et de ne pas pouvoir avancer.

*But du jeu:* Le premier qui a complété sa route a gagné.

exemple de situation finale

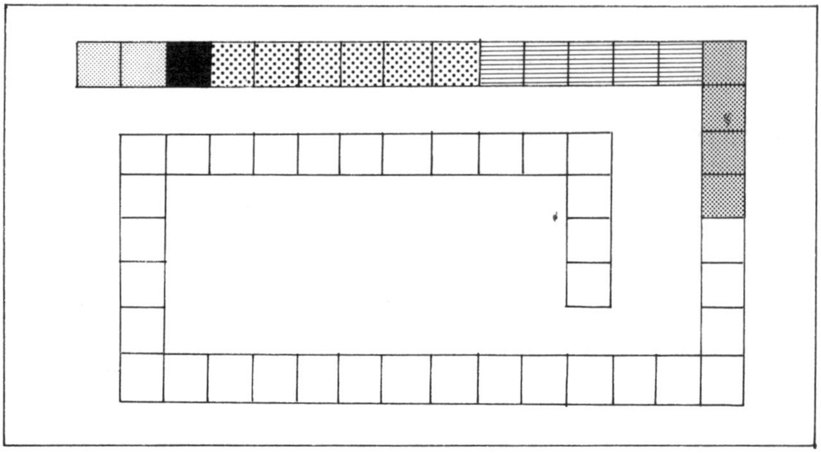

*Remarque:* Ce jeu oblige l'enfant à faire un effort de réflexion et d'analyse. Il engage sa responsabilité quant à la progression de son jeu. En effet, la situation finale ne dépend plus du hasard mais du choix de la meilleure stratégie à employer pour avancer.

# LE TRAIN DES DOMINOS

**Objectifs**

- approche de la notion d'addition et du complément du nombre ;
- comptage de 1 à 6 ;
- approche de la notion d'équivalence, d'égalité (autant que).

**Matériel**

- 1 plan de jeu sur lequel sont représentés 2 trains (ou plus) de couleurs différentes. Chaque wagon reproduit un domino ;
- 2 dés de mêmes couleurs que les bâtonnets, avec des constellations de 1 à 3 points ;
- 30 bâtonnets (ou jetons).

Il est important d'utiliser des bâtonnets (ou des jetons) de 2 couleurs différentes. Cela permet de contrôler que l'enfant a respecté la notion de complément en faisant correspondre le nombre de bâtonnets aux points respectivement représentés par chaque dé.

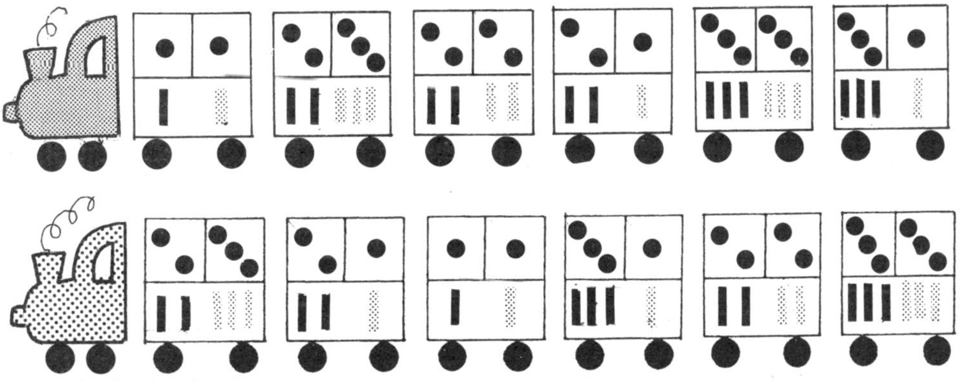

exemple de situation finale

**Déroulement du jeu**

*Règle du jeu :* 2 joueurs (ou plus, suivant le nombre de trains).
A tour de rôle, chaque joueur lance les dés et place ses bâtonnets dans le wagon correspondant. Si le wagon est déjà chargé, il passe son tour.

*But du jeu :* Le gagnant est celui qui aura chargé son train le premier.

# LES OISEAUX ET LES ŒUFS

**Objectifs**

– lecture d'un tableau à double entrée. L'enfant doit tenir compte de 2 critères.

**Matériel**

– autant de plaques individuelles que de joueurs. Sur chaque plaque, un tableau à double entrée dont l'ordonnée figure des œufs et l'abscisse des oiseaux. A l'intérieur des cases, des nids pour les œufs ;
– des œufs en pâte à sel ou en carton. Ils peuvent éventuellement être matérialisés par des jetons ;
– 1 dé avec le nombre d'œufs : 2 et 3 ;
– 1 dé avec le nombre d'oiseaux : 1, 2, 3.

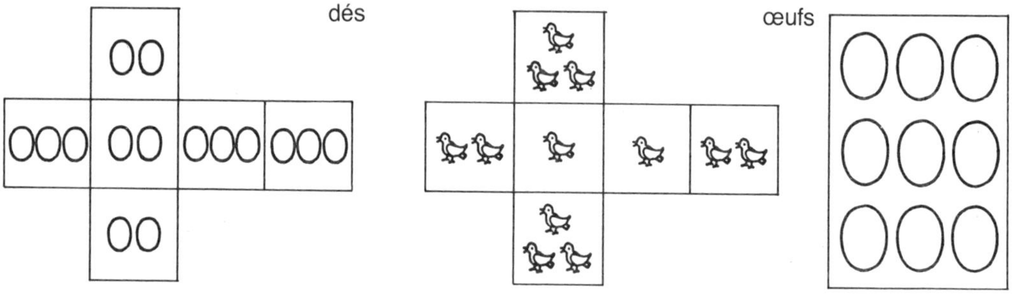


**Déroulement du jeu**

*Règle du jeu :* 2, 3 ou 4 joueurs.
A tour de rôle, chaque joueur lance les dés et complète la case correspondante de sa plaque en déposant les œufs dans les nids.
Si la case indiquée par les dés est déjà garnie, le joueur passe son tour.
Les enfants doivent compter la somme des œufs.
Par exemple, si les dés indiquent :

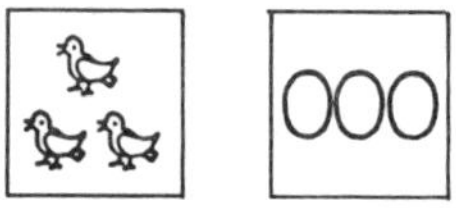

cela veut dire que 3 oiseaux pondent chacun 3 œufs. L'enfant pose les œufs dans les nids de la case correspondante et constate que 3 œufs dans les 3 nids, cela fait un total de 9 œufs.

*But du jeu :* Le premier qui a complété sa plaque a gagné.

plaque de jeu

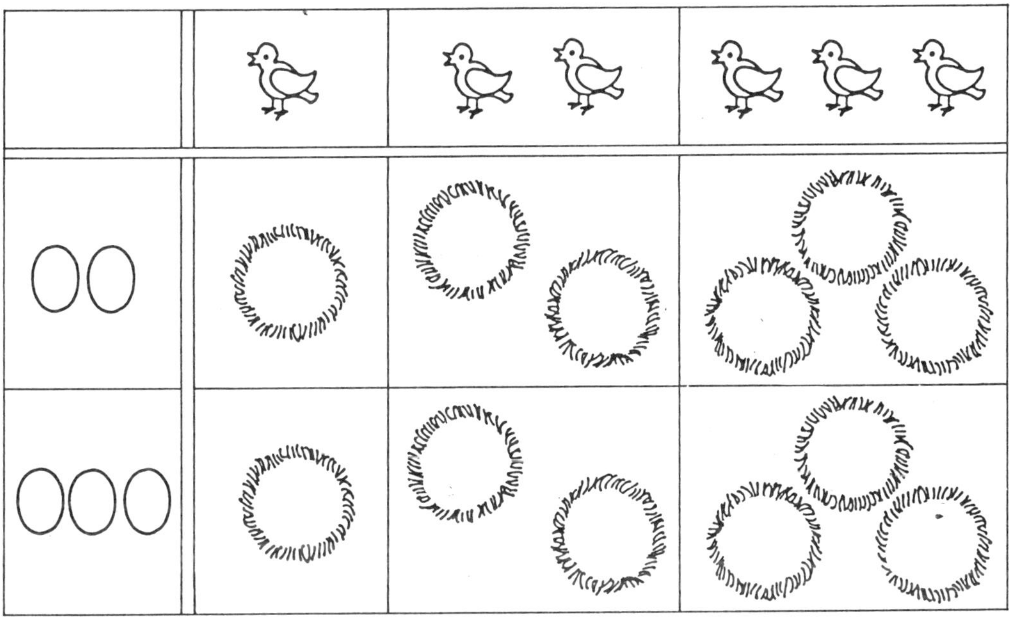

situation finale

# LA BATAILLE DES IMAGES

**Objectifs**

– lecture d'un tableau à double entrée : l'enfant doit reconnaître et prendre en compte 2 critères.

**Matériel**

– 2 plaques de jeu individuelles identiques reproduisant un tableau à double entrée. Chaque case du tableau comporte un dessin ;
– 18 jetons.

plaque de jeu

jetons

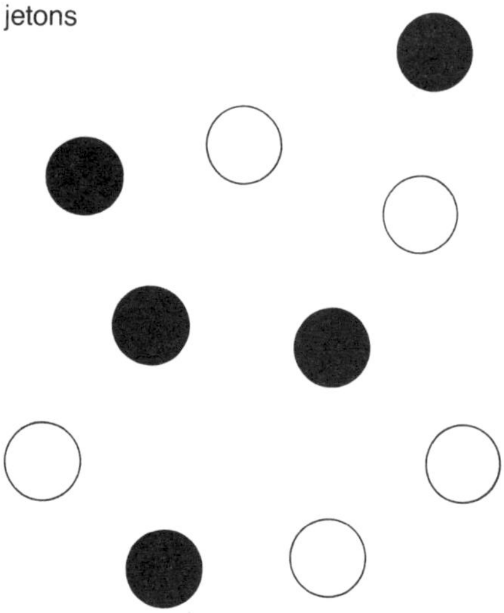

**Déroulement du jeu**

*Règle du jeu :* 2 joueurs.
Le joueur A pose les questions, le joueur B répond.
Le joueur A doit « lire » le tableau à double entrée pour définir une case précise. Le joueur B doit situer la case sur son tableau en fonction des données orales. Pour vérifier la bonne réponse, il nomme le dessin qui correspond à la case. Si la réponse est bonne, chaque joueur place un jeton sur la case désignée.

*But du jeu:* Compléter toutes les cases du tableau.

*Remarque:* Ce jeu favorise l'expression orale et les échanges entre les enfants.

## Variantes

*la bataille des poissons*

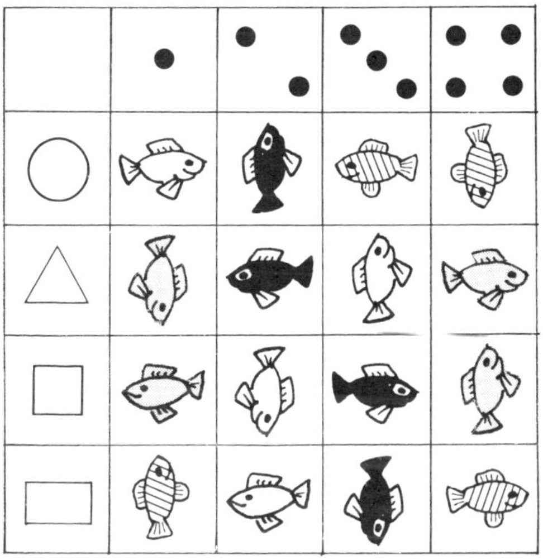

*la bataille des chiffres*

| | ○ | △ | □ | ▭ |
|---|---|---|---|---|
| | 1 | 3 | 5 | 6 |
| | 2 | 4 | 7 | 9 |
| | 8 | 10 | 15 | 12 |
| | 13 | 16 | 14 | 17 |

*la bataille des lettres*

| | ○ | △ | □ | ▭ |
|---|---|---|---|---|
| | d | p | u | c |
| | m | b | o | v |
| | i | t | l | e |
| | s | r | d | f |

# LE ZOO

## Objectifs

- comptage de 1 à 3 ;
- logique, raisonnement.

## Matériel

- 1 plan de jeu sur lequel sont représentées 18 cages pour les animaux. Un codage (chiffre + genre d'animal) indique les éléments que doit contenir chaque cage ;
- 36 figurines ou images d'animaux différents (6 de chaque) ;
- 1 dé avec des constellations de 1 à 3 points ;
- 1 dé avec un animal différent sur chaque face ;
- une boîte de jetons.

dé

dé

jetons
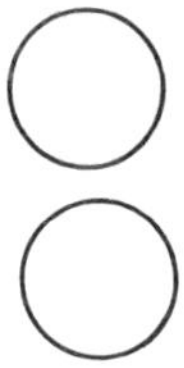
figurines

## Déroulement du jeu

*Règle du jeu :* 2 à 4 joueurs.
A tour de rôle, chaque joueur lance les dés et place ses figurines ou images dans la cage correspondante.
A chaque cage complétée, l'enfant gagne un jeton. Si les indications fournies par les dés correspondent à une cage déjà pleine, le joueur passe son tour sans gagner de jeton.

*But du jeu :* Celui qui a complété le plus de cages à la fin du jeu a gagné (c'est lui qui aura le plus de jetons !).

## Variante

Pour simplifier le jeu, il est possible d'utiliser :
- 1 plan de jeu ne comportant que 9 cages ;
- 1 dé avec des constellations de 1 à 3 points ;
- 1 dé avec 3 animaux différents.

Pour étudier les nombres de 1 à 6 :

- 1 plan de jeu avec 18 cages, des nombres de 1 à 6 et 3 animaux différents ;
- 1 dé avec des constellations de 1 à 6 points ;
- 1 dé avec trois animaux différents.

plan de jeu en cours de partie

# LA GALETTE DES ROIS

**Objectifs**
- notion de partage ;
- prise de conscience des différentes combinaisons du nombre 4.

**Matériel**
- 1 plan de jeu divisé en 8 parties. Dans chaque partie, une table avec une galette entière. Autour de chaque table, 4 chaises pour les enfants ;
- Des éléments mobiles correspondant à des galettes entières divisées en 4 parts ; seulement quelques éléments de 1, 2 et 3 parts.
- 1 dé de 4 couleurs et 2 faces neutres ;
- 1 dé avec des constellations de 1 à 3 points ;
- des étiquettes de 4 couleurs différentes avec un signe différent pour chaque enfant. La couleur des étiquettes correspond au groupe auquel appartient l'enfant, sachant que la classe a été divisée en 4 groupes de 4 couleurs.

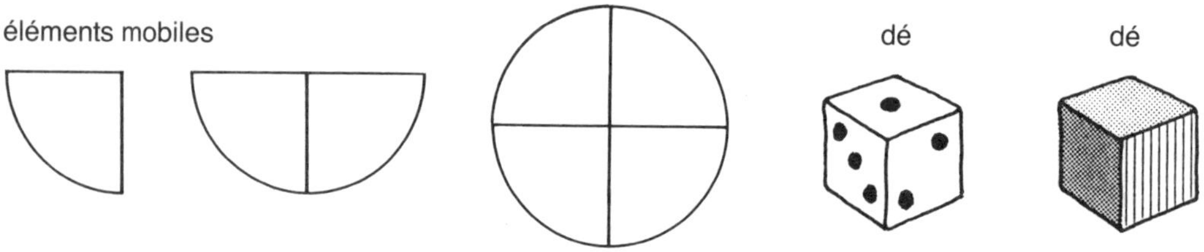


exemples d'étiquettes

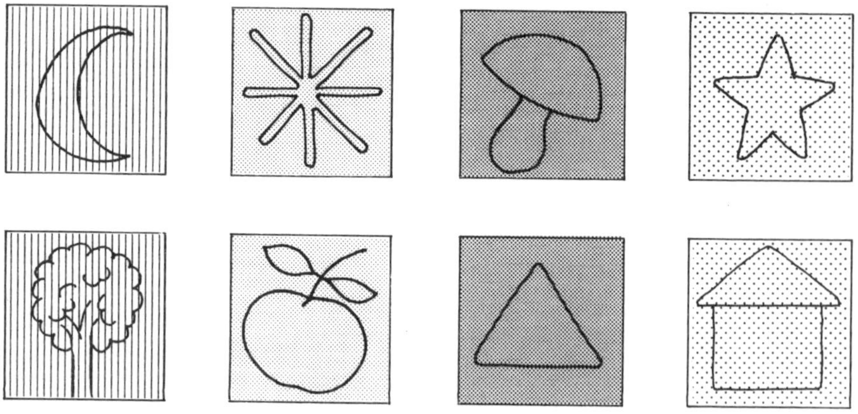

**Déroulement du jeu**

*Règle du jeu:* 4 joueurs.
Les étiquettes avec les signes des enfants sont posées à l'endroit.
A tour de rôle, chaque enfant lance les 2 dés et place les étiquettes autour de la table en fonction du nombre et de la couleur indiqués par les dés.
Par exemple, si les dés indiquent 2 points et la couleur rouge, le joueur place autour de la première table 2 étiquettes correspondant à 2 enfants du groupe des «rouges».
Si le dé de couleur se retourne sur une face neutre, on passe son tour.
Il en va de même vers la fin du jeu, s'il ne reste plus d'enfants du groupe correspondant à la couleur indiquée par le dé.

*But du jeu:* Former des tables de 4 de façon à y placer des galettes entières.

situation finale

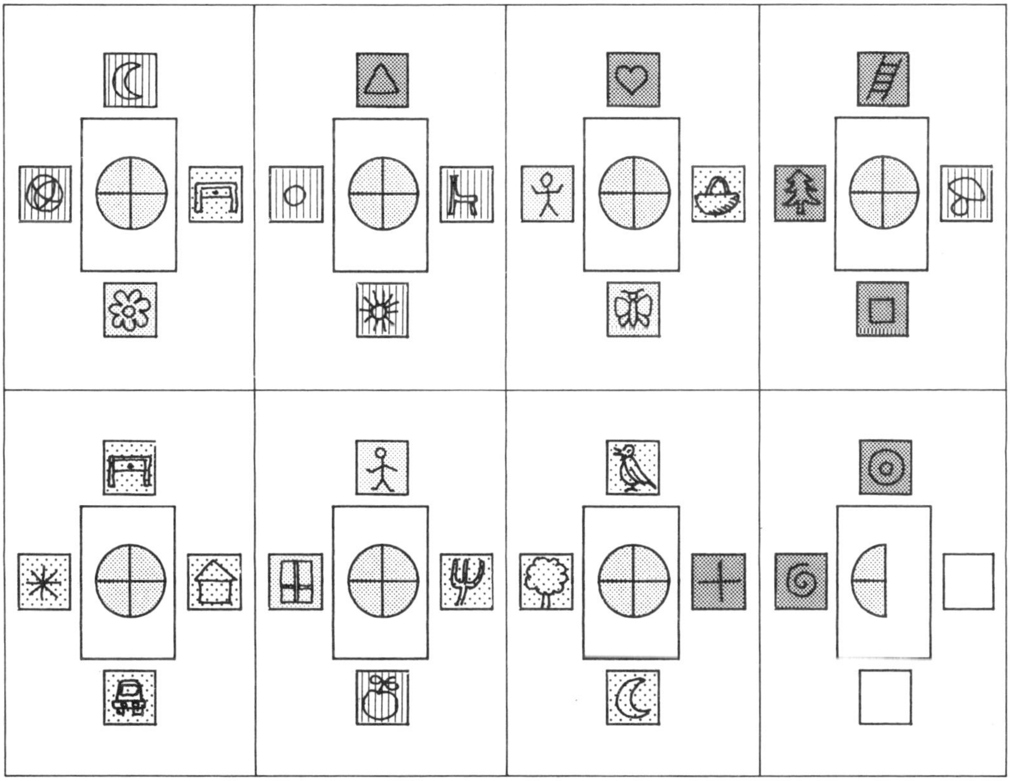

*Remarque:* A la fin du jeu, les enfants réalisent qu'il faut 7 galettes et demie pour 30 enfants. Il faudra donc confectionner 8 galettes dont il restera 2 parts.

## RECETTE DE LA PÂTE À SEL

**Ingrédients:**

2 tasses de sel fin de table
2 tasses de farine
1 tasse d'eau
1 à 2 cuillères à soupe de colle pour papier peint

Mélanger sel, farine et colle en poudre.
Ajouter de l'eau.
Bien malaxer la pâte sur la table.
Si elle colle aux doigts, rajouter un peu de farine.
Si elle semble trop sèche, rajouter un peu d'eau.
La pâte doit être homogène comme une pâte brisée.

**Cuisson:** Environ 1 heure à la température de 100° à 120°;
puis environ 1 heure à la température de 150° à 180°

La durée totale de cuisson dépend de la dimension des figurines.
Il faut compter 45 mn à 1 h 15 pour des pendentifs et des petits sujets, 1 heure à 2 heures pour les tableaux.

En vernissant l'objet, on obtiendra une excellente protection contre l'humidité.
Les figurines peuvent également se peindre à la gouache ou à la peinture acrylique.
S'il reste de la pâte, on peut la conserver pendant plusieurs jours.

**Exemples de réalisations pour les jeux:**

**Les petits sujets,** tels que les canards, les souris... peuvent être réalisés par les enfants eux-mêmes.

**Le fromage:** étaler la pâte au rouleau comme une pâte brisée, découper des bandes et faire les trous à l'aide d'un petit tube. Découper en petits rectangles.

**Le chocolat:** étaler la pâte au rouleau, imprimer une grille quadrillée, puis découper des carreaux, des barres de 2, 3, 4 carreaux ou des tablettes entières.

**Les galettes:** étaler la pâte au rouleau et imprimer des ronds avec un verre, puis découper. Les quartiers de galette doivent être découpés avant la cuisson.


Achevé d'imprimer en octobre 1992
sur les presses de
l'Imprimerie Carlo Descamps
à Condé-sur-l'Escaut
Dépôt légal: septembre 1990
N° d'éditeur: 537
N° d'imprimeur: 7667

Photocomposition:
Graphic Hainaut
59690 Vieux-Condé